Franz & Werner Kirchhoff, Heinrich Wirth, Peter Zander, Victoria Kuhn

Biker Betten
Motorrad Reisebuch

SCHWARZWALD

auf dem Motorrad entdecken

Das Autoren-Team Victoria Kuhn, Werner Kirchhoff, Heinrich Wirth, Franz Kirchhoff und Peter Zander (v.l.n.r.).

Wer einmal im Schwarzwald war, wird sich immer daran erinnern: an die unterschiedlichen Landschaften, an die netten Menschen, an die schönen Städte und Ortschaften mit ihren Hotels, Restaurants und Gasthöfen mit ihrem guten Essen und an die vielen Sehenswürdigkeiten.

Dabei reicht es nicht, einmal da gewesen zu sein, weil die Zeit einfach zu knapp ist und es so viel mehr zu entdecken gibt. Spaßfaktor und Unterhaltungswert sind hoch und machen Lust darauf, bei der nächsten Tour wieder dem Kuckuck zu folgen.

Motorrad pur

Für die Routenfestlegung dieses Reiseführers waren wir, als Einheimische, natürlich selbst mehrmals mit den Motorrädern unterwegs. Das gut ausgebaute Straßennetz bietet von schnellen Passagen über kurvige Strecken bis hin zu kleineren Wegen alles, was Motorradfahrer sich wünschen.

Herbergsbetriebe und Gastronomie sind auf diese Gäste eingerichtet. Die „Bikers Welcome"-Schilder sind nicht nur Wortphrasen. Viele Wirte sind selbst Motorradfahrer und halten nicht nur Tourentipps und Kartenmaterial bereit, sondern begleiten auch ihre Gäste auf den Touren.

Was wäre eine Motorradregion ohne Bikertreffs? Davon gibt es im Schwarzwald eine ganze Menge, stellvertretend seien hier Zum Seeheiner an der Nagoldtalsperre, Zur großen Tanne an der Schwarzwaldhochstraße, der Parkplatz an der Staumauer des Schluchsees oder die Hexenlochmühle in Furtwangen genannt.

Ist ein Fahrtag einmal früher zu Ende, lädt ein besonders schöner Tag zum Sonnenbaden ein oder hat der Regengott das Sagen, gibt es immer eine Vielzahl von Alternativen, mit denen man die motorradfreie Zeit überbrücken kann.

Sehenswertes

Schon die Landschaft des Schwarzwaldes mit Bergen, Tälern, Wäldern, Wasserfällen und Seen erfreut die Augen und die Sinne seiner Besucher.

Was die Menschen geschaffen haben, sieht man in den liebevoll restaurierten Altstädten, daneben geben Schaubergwerke, Freilicht-, Eisenbahn- und Uhrenmuseen, Kirchen, Burgen und Schlösser oder die Auto- und Uhrenwelt in Schramberg einen Einblick in vergangene Zeiten. Wer an Natur, Historie oder Technik interessiert ist, dem kann es passieren, dass er sich verbummelt und mehr Zeit als geplant dort verbringt.

Liegen Freiburg, Rottweil oder Schaffhausen noch im Schwarzwald? Wo beginnen das Elsass und die Schwäbische Alb? Wo hört Baden auf und fängt Württemberg an? Weder Zäune noch Hinweisschilder markieren Anfang oder Ende des Schwarzwaldes.

Wir sind bei unseren Touren dahin gefahren, wo es am schönsten war, weil sich die Möglichkeit geboten hat, beziehungsweise es dem Schwarzwald gefühlt zugeordnet wird. Oft jedoch ist festzustellen, dass sich auch der eine oder andere Ort selbst gerne das Prädikat „Schwarzwald" zuordnet, um sich touristisch besser zu vermarkten.

Zur Aufklärung: Der Schwarzwald ist von seinen umliegenden Landschaften naturräumlich insofern abgetrennt, dass in ihm selbst kein Muschelkalk auftritt. Die Schichtstufenlandschaft des Schwarzwaldes ist vielmehr durch die Gesteine des Grundgebirges und den Buntsandstein geprägt.

Viel Spaß auf euren Reisen

Wir haben für euch zehn Touren im nördlichen, mittleren und südlichen Schwarzwald erstellt. Dabei ging es nicht nur darum, Strecken zu erkunden, sondern auch erlebens- und sehenswerte Highlights anzufahren und diese Routen effizient zu verbinden.

Ob Ihr die Tourenvorschläge exakt abfahrt oder davon abweicht, wird vom Wetter oder von persönlichen Prioritäten abhängen. Oder einfach mal an einem kleinen Hinweisschild abbiegen und testen, wo der Weg hinführt. Wir haben auf jeden Fall immer wieder gemerkt, dass der Schwarzwald viel mehr zu bieten hat, als man in einer Woche erfahren kann. Das Erlebte und die Neugier auf mehr sind Grund genug wiederzukommen. Vielleicht begegnen wir uns ja einmal dort?

6 **ÜBERSICHTSKARTE TOUREN**

8 **HIGHLIGHTS SCHWARZWALD**

14 **EINLEITUNG SCHWARZWALD**

20 **TOUR 1 SCHWARZWÄLDER NORDTOUR**
Mühlen, Täler und Forellen

36 **TOUR 2 ZWISCHEN SCHWARZWALD UND ORTENAU**
Von Kurven und Winzern

52 **TOUR 4 SCHWARZWALD PUR**
Kuckuckstour

68 **TOUR 4 NORD-SCHWARZWÄLDER KAFFEEFAHRT**
Kurz und Glatt

84 **TOUR 5 VOM KINZIGTAL AUF DEN KNIEBIS**
Auf dem Pfad der Flößer

98 **TOUR 6 VON BOLLENHUT UND KUCKUCKSUHR**
Perspektiven der Zukunft

114 **TOUR 7 KIENZLE UND JUNGHANS**
Wo die Uhren zuhause sind

130 **TOUR 8 VOM SÜDEN IN DIE MITTE**
Schwarzwaldmarie

146 **TOUR 9 VON DEN WEINBERGEN HINAUF ZU DEN SCHWARZWALDGIPFELN**
Markgräfler Weinfest

162 **TOUR 10 ZWISCHEN HOCHSCHWARZWALD UND SCHWEIZER GRENZE**
Zäpfle-Tour

178 **ALLGEMEINES SCHWARZWALD**

182 **REGISTER STÄDTE | ORTE**

184 **IMPRESSUM**

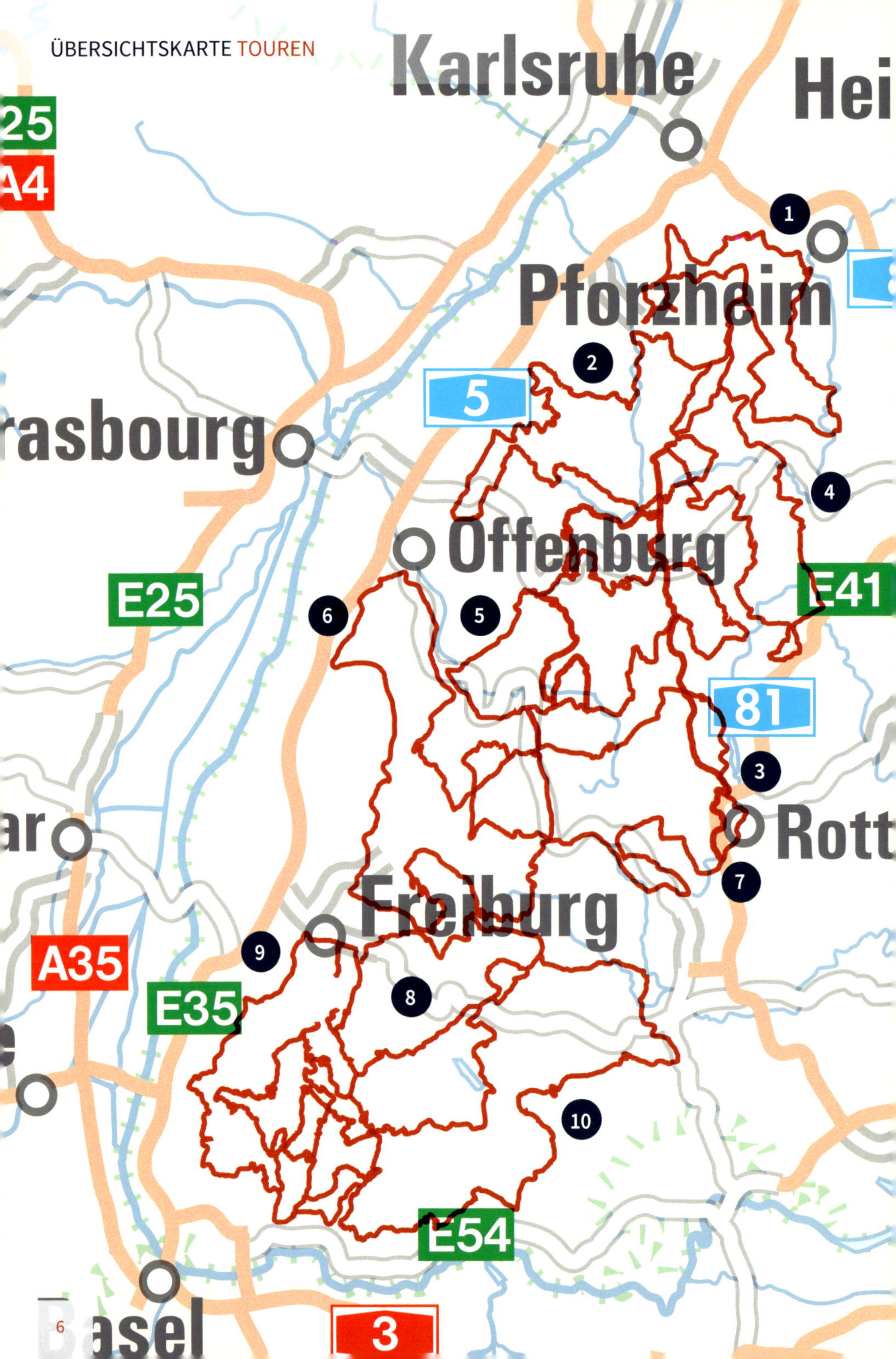
Karlsruhe
Hei
Pforzheim
rasbourg
Offenburg
Rott
Freiburg
asel
ar
E25
A4
25
5
E41
81
A35
E35
E54
3
1
2
3
4
5
6
7
8
9
10

1. SCHWARZWÄLDER NORDTOUR
2. ZWISCHEN SCHWARZWALD UND ORTENAU
3. SCHWARZWALD PUR
4. NORD-SCHWARZWÄLDER KAFFEEFAHRT
5. VOM KINZIGTAL AUF DEN KNIEBIS
6. VON BOLLENHUT UND KUCKUCKSUHR
7. KIENZLE UND JUNGHANS
8. VOM SÜDEN IN DIE MITTE
9. VON DEN WEINBERGEN HINAUF ZU DEN SCHWARZWALDGIPFELN
10. ZWISCHEN HOCHSCHWARZWALD UND SCHWEIZER GRENZE

Auto- und Uhrenmuseum **Schramberg**

Ob Uhren, motorisierte Zweiräder, Autos, Wohnungseinrichtungen, Werkstätten oder Läden: Eine umfangreiche Sammlung auf drei Stockwerken mit liebevoll zusammengestellten, wertvollen und einmaligen Exponaten erlaubt Besuchern im Auto- und Uhrenmuseum in Schramberg einen Blick in die Vergangenheit. Der Schwerpunkt liegt auf der Zeit nach dem Zweiten Weltkrieg und den Wirtschaftswunderjahren.

GPS 48.230, 8.394

Wo der Kuckuck ruft

Nach der in Schonach befindlichen, ersten weltgrößten Kuckucksuhr, die Ende der 1970er Jahre von Josef Dold erbaut wurde, gilt heute die Triberger als die größte Kuckucksuhr der Welt.

GPS 48.136, 8.214

Deutschlands
höchster
Wasser
Zugang Wasserfälle im Winter
nur über den Haupteingang
im Stadtzentrum!

Triberger **Wasserfälle**

Hier stürzt sich das Wasser der Gutach über sieben Stufen gewaltige 163 Meter hinab. Entlang beschilderter Pfade lassen sich die höchsten Wasserfälle Deutschlands auf dem Naturweg, dem Kulturweg oder auch dem Kaskadenweg besichtigen. Mit Sonnenuntergang werden die Wasserfälle sogar beleuchtet.

GPS 48.133, 8.222

Vielfarbig und vielseitig

Neben seinem Waldreichtum hat der Schwarzwald eine große Anzahl von Flüssen, Seen und Talsperren, aber auch Bergen zu bieten.

Der Ort Gengenbach gilt als die Perle unter den romantischen Fachwerkstädten.

Das von den Römern Silva Nigra (auf deutsch: schwarzer Wald) genannte Waldgebiet, liegt in Deutschlands größtem und höchstem zusammenhängenden Mittelgebirge und ist ganzjährig eines der beliebtesten Feriengebiete.

Der im äußersten Südwesten der Republik gelegene Gebirgszug erstreckt sich mit einer mittleren Breite von etwa 50 Kilometern über eine Länge von insgesamt etwa 150 Kilometern zwischen Karlsruhe und Pforzheim im Norden sowie Waldshut und Basel im Süden.

Der Schwarzwald ist gesäumt von der A5 im Westen, die von Karlsruhe nach Basel führt, im Norden von der A8, die von Karlsruhe über Stuttgart nach München führt und im Osten von der A81, die von Würzburg kommend nach Singen am Bodensee führt. Letztere wird im Volksmund übrigens gerne auch als

„Bodensee-Autobahn“ oder noch besser als „Spätzlehighway“ bezeichnet. Im Süden grenzt der Schwarzwald an die Schweiz.

Regional lässt er sich in den waldreichen Nordschwarzwald, den mittleren Schwarzwald mit weiten Tälern und den höher gelegenen Südschwarzwald einteilen. Als Naturpark gliedert sich der Schwarzwald heute in die Bereiche Schwarzwald Mitte/Nord sowie Südschwarzwald.

Je nachdem, von wo man anreist und welchen Zielort man wählt, kommt man in den Nordschwarzwald von Westen über die B462 durch das Murgtal oder von Norden über die B294 entlang der Enz. In der Mitte verläuft die gut ausgebaute B33 durch das Kinzigtal und im Süden gilt Freiburg als das Tor in den Südschwarzwald. Von dort verläuft die B31 in östlicher Richtung, vorbei am Feldberg und am Titisee, bis Donaueschingen.

Spitzenreiter Feldberg

Neben seinem Waldreichtum und einer großen Anzahl von Flüssen, Seen und Talsperren hat der Schwarzwald einiges an Bergen über 1000 Metern zu bieten. Der Feldberg ist dabei mit 1493 Metern Spitzenreiter. Aus diesen natürlichen Gegebenheiten ergeben sich beste Voraussetzungen für Urlaube aller Art – sei es in warmen oder kalten Jahreszeiten.

Ein sehr gutes Straßennetz mit Kurven aller Art durch Schluchten, Täler, Wälder und Berge lässt bei Motorradreisenden in der Saison von Mitte April bis Oktober keine Langeweile aufkommen.

Der größtenteils nach wie vor sehr ländlich geprägte Schwarzwald besteht aus vielen kleinen Gemeinden und Orten und nur wenigen großen Städten. In einer Vielzahl von Brauchtumsveranstaltungen werden Traditionen gepflegt und aufrechterhalten. Zu festlichen Anlässen werden heute noch die traditionellen Trachten getragen. Ihr Aussehen variiert von Region zu Region zum Teil sehr stark. Eines der bekanntesten Schwarzwälder Trachtenelemente – der Bollenhut – hat seinen Ursprung in den Gemeinden Kirnbach, Reichenbach und Gutach im Kinzigtal. Unverheiratete Frauen tragen ihn mit roten Bollen, verheiratete mit schwarzen. Bekannt ist der Schwarzwald auch für seine

Der rote Bollenhut ist ein markanter Teil der regionalen Tracht.

typischen Bauernhäuser mit ihren ausladenden Krüppelwalmdächern und natürlich für die Kuckucksuhren, deren Beliebtheit vor allem international ungebrochen ist.

GESCHICHTLICHES

Möglicherweise lebten die ersten Menschen im Schwarzwald schon in der Jungsteinzeit. Spätere Hinweise deuten auf die Anwesenheit der Kelten hin. Um die Zeit vor und nach Christus kamen dann die Römer, aus deren

Idyllische Landschaften gibt es im Schwarzwald zuhauf.

Zeit noch ein anderer Name überliefert ist: Marciana silva (Grenzwald). Sie waren verantwortlich für den Bau der ersten Verbindungsstraßen, beispielsweise durch das Kinzigtal oder den Hochschwarzwald, wurden allerdings im 3. Jahrhundert von den Alemannen vertrieben.

Ab dem 8. Jahrhundert sind Spuren der Kolonisation und Besiedelung zu finden. Karolingische Grundherren übernahmen Ländereien und Mönche und Missionare drangen in die Waldgebiete vor und gründeten Klöster.

Als einer der ersten urkundlichen erwähnten Orte gilt Rötenbach. Der Eintrag stammt von 819.

Ursprünglich gab es im Schwarzwald einen Mischwald. Doch schon vor langer Zeit wurde ihm sein Baumbestand zum Verhängnis. Nicht nur, dass große Flächen zur Umnutzung in Weide- und Ackerland gerodet wurden, auch der Abbau und die Weiterverarbeitung von Bodenschätzen wie Erz, Silber oder Kupfer bedingten

Bis heute hat die regionale Holzwirtschaft einen hohen Stellenwert.

einen großen Holzbedarf. Der Beruf des Köhlers – der Holz zu Holzkohle verarbeitete – entstand. Aber auch die Glashütten des Schwarzwaldes brauchten Holz und Holzkohle. Für die Herstellung von einem Kilogramm Glas wurden etwa ein bis zwei Kubikmeter Holz benötigt.

Im 17. Jahrhundert erreichte der Holzverbrauch zur Deckung des Exportbedarfs seinen Höhepunkt. Vor allem in den Niederlanden herrschte für den Haus- und Schiffsbau eine enorme Nachfrage. Der Transport fand auf dem Wasserweg, vornehmlich über Enz oder Kinzig, statt. Die schwere und gefährliche Arbeit wurde von Flößern übernommen.

In Folge des Raubbaus war der Baumbestand im Schwarzwald fast völlig abgeholzt und es musste dringend aufgeforstet werden. Dafür wurden vor allem verhältnismäßig schnell wachsende Fichten gepflanzt.

In einer Reihe von Ausstellungen geben Besucherbergwerke wie die Grube Finstergrund in Wieden oder das Museums-Bergwerk Schauinsland aber auch die Glasbläserei Dorotheenhütte in Wolfach mehr Informationen zur Historie.

Im 18. Jahrhundert wurden die ersten Kuckucksuhren gebaut. Auch hier war Holz ein wesentlicher Rohstoff und Grundbaustein. Von Bauern in Heimarbeit hergestellt, wurden die

Die Kuckucksuhr ist nach wie vor ein beliebter Exportschlager.

Uhren zunächst von fahrenden Händlern in der weiteren Umgebung angeboten. 1850 gründete die badische Landesregierung in Furtwangen die erste Uhrmacherschule. Im 19. Jahrhundert entwickelte sich die Uhrenherstellung im Rahmen der Industrialisierung rasant. Namen wie Junghans, die Hamburg-Amerikanische Uhrenfabrik oder Kienzle stehen dafür. Doch so rasant wie der Aufstieg war, war auch der Niedergang durch die beiden Weltkriege und die Wirtschaftskrisen. Dazu kamen ein rasanter technischer Fortschritt und neue Technologien.

Die Uhrenherstellung entwickelte sich im 19. Jahrhundert rasant.

Ähnlich war es im Bereich der Unterhaltungsindustrie, wo einst klangvolle Namen wie Dual, SABA oder Becker sich der fernöstlichen Konkurrenz mittlerweile beugen mussten.

Mehrfach wurde der Baumbestand des Schwarzwaldes in den Jahren 1990 durch die Orkane Vivian und Wiebke und insbesondere Lothar im Jahre 1999 in Mitleidenschaft gezogen. Dabei wurden viele Millionen Festmeter Holz abgeknickt oder entwurzelt.

KULINARISCHES

Schwarzwälder Schinken, Schwarzwälder Kirschtorte oder Kirschwasser sind für die Region die bekanntesten Spezialitäten. Dabei gibt es viel mehr zu genießen: Die Delikatessen müssen auch nicht unbedingt den Schwarzwald im Namen tragen. So findet man ausgezeichnete Forellen oder köstliche Zwiebelrostbraten mit Spätzle, aber auch viele Importe aus angrenzenden Gebieten, wie aus Baden, dem Schwabenland oder dem Elsass.

Viele Gasthöfe, Hotels oder Restaurants empfehlen sich mit bodenständiger und preiswerter Küche.

Die originale Schwarzwälder Kirschtorte sollte gekostet werden.

Wer seinen Gaumen weiter verwöhnen möchte und die gehobenere Küche sucht, findet diese mit einer Anhäufung von Gourmettempeln unter einem wahren Sternenhimmel.

KLIMA

Mit seiner Größe und seinen landschaftlichen Gegebenheiten zeigt der Schwarzwald bei insgesamt gemäßigtem Klima ein weites Wetterspektrum.

Dass die Höhenlagen des Schwarzwaldes im Winter gute Voraussetzungen für Wintersportler bieten, dürfte die Motorradcommunity weniger interessieren. Für diese ist die Zeit von Mai bis September am besten geeignet. Regional bedingte Wetterunterschiede mit mehr oder weniger Regen und höheren oder niedrigeren Temperaturen lassen sich bei den Tourenplanungen mit Ausweichmöglichkeiten berücksichtigen.

NATURPARKS

In den zwei großen Naturparks Schwarzwald Mitte/Nord und Südschwarzwald werden die Themen Landschaft, Tiere, Pflanzen und Naturschutz großgeschrieben.

Der Naturpark Südschwarzwald mit dem Feldberg (1493 Meter) umfasst eine Fläche von knapp 4000 Quadratkilometern und ist im Norden mit dem 3750 Quadratkilometer großen Naturpark Schwarzwald Mitte/Nord, dessen höchste Erhebung die Hornisgrinde (1163 Meter) ist, verbunden.

2014 wurde darüber hinaus der gut 10000 Hektar große Nationalpark des Landes Baden-Württemberg gegründet. Er ist ein nicht zusammenhängendes Schutzgebiet auf der Höhe Ruhestein sowie dem Hohen Ochsenkopf/Plättig im Bereich der südlichen Schwarzwald-Hochstraße, das sich vom Menschen größtenteils unbeeinflusst entwickeln konnte und entsprechende Lebensräume für Tiere und Pflanzen bietet.

Darüber hinaus liegen im Schwarzwald über 100 Naturschutzgebiete sowie zahlreiche Landschafts-, Wald- und Vogelschutzgebiete. ◄

Der Schluchsee ist ein Stausee und gilt als größter See des Schwarzwaldes.

SHIN YO
AKRAPOVIC

Mühlen, Täler und Forellen

Hoch hinaus, aber auch wieder tief hinab geht es auf dieser Tour mehr oder weniger unentwegt. Mithin ist der kurvengierige Fahrer hier im Vergleich zum südlichen und zum mittleren Schwarzwald nicht minder gefordert. Dazu werden die atemberaubenden Ausblicke zum stetigen Begleiter auf dem von Tälern und Höhen charakterisierten Routenverlauf.

Ein beliebter Biker-Treff ist das Krabba-Nescht in Holzbronn.

PFORZHEIM
Keltern
Birkenfeld
Marxzell
Straubenhardt
NEUENBÜRG
Engelsbrand
Schömberg
GAGGENAU
BAD HERRENALB
Dobel
Höhencamping Langenbrand
Calmbach
GERNSBACH
BADEN-BADEN
BAD LIEBENZELL
Palais Thermal
BAD WILDBAD im Schwarzwald
Oberreichenbach
CALW
Althengstett
Forbach
Enzklösterle
Neuweiler
NEUBULACH
BAD TEINACH-ZAVELSTEIN
WILDBERG
Simmersfeld
ALTENSTEIG
Ebhausen
Seewald
NAGOLD
Emmingen
Mötzingen
HAITERBACH
Pfalzgrafenweiler
Klosterreichenbach
Baiersbronn
Waldachtal
DORNSTETTEN
HORB am Neckar
Eutingen im Gäu
Ergenzingen
Starzach
Empfingen
Loßburg
SULZ a. Neckar
ALPIRSBACH
DORNHAN
Nationalpark Schwarzwald
Oberer Wald
Heckengäu
Schwarzwaldhochstraße

TOUREN-STECKBRIEF

BASISORT

Bad Wildbad (48.75161, 8.54927)

STRECKENLÄNGE

ca. 154 km

DAUER DER TOUR

4 Stunden

ROADBOOK

Bad Wildbad, Dobel, Bad Herrenalb, Teufelsmühle, Zieflesberg, Frauenalb, Marxzell, Straubenhardt, Engelsbrand, Bad Teinach-Zavelstein, Holzbronn, Wildberg, Neuweiler, Würzbach, Bad Wildbad

HIGHLIGHTS

Die Topographie der Strecke: Mit zahlreichen An- und Abstiegen zeigt sie sich nicht immer einfach, aber die atemberaubenden Ausblicke sind die Mühe wert. Auch die touristischen Höhepunkte können sich sehen lassen. So führt diese Tour an der Teufelsmühle (48.75736, 8.40796), der Plotzsägemühle (48.76914, 8.43302), der Ruine des Klosters Frauenalb (48.83413, 8.44096), dem Fahrzeugmuseum in Marxzell (48.86086, 8.44840) und der Kapfenhardter Mühle (48.80576, 8.68992) vorbei.

Auf zur Tour: Die Runde beginnt in Bad Wildbad.

Es ist Samstagvormittag und wir machen uns auf den Weg. Eine Runde im nördlichsten Nordschwarzwald – unserer Heimat – will erkundet werden. Von Bad Wildbad fahren wir über Calmbach und halten uns zunächst immer leicht talabwärts entlang des Flussverlaufs der großen Enz. Aber schon gleich hinter Höfen biegen wir an der Eyachbrücke, mit der dahinter befindlichen großen Forellenzucht, links ab.

Albtal und Seitentäler

Schon bald erreichen wir nach einer kurzen, aber heftigen Bergauffahrt, Dobel. Wir durchfahren diesen mit dem Prädikat „heilklimatisch“ ausgezeichneten und immer noch recht beschaulichen, auf einem sich weit erstreckenden Hochplateau liegenden, Kurort. Der Dobel, wie wir ihn hier vor Ort gerne nennen, gehört übrigens bereits zum Albtal.

Mit Erreichen des nächsten, dann wieder tiefer liegenden und noch bekannteren Kurorts Bad Herrenalb sind wir dann auch schon mitten drin im Albtal. Hier beschließen wir

einen kleinen Abstecher einzulegen und nehmen uns dafür das Gaistal vor.

So biegen wir in Bad Herrenalb links ab in Richtung Loffenau, um von dieser Strecke aus die bekannten, aber zumindest unseres Wissens nach von Motorradfahrern nur selten angesteuerten Täler namens Unteres und Oberes Gaistal sowie die zum Seitental des Albtals gehörende und auf dem Weg liegende Plotzsägemühle zu erreichen. Diese so anmutend und eigenwillig klingenden Namen halten, wie wir gleich erleben werden, allemal das was sie versprechen.

Teufelsmühle

Ein besonderes Schmankerl soll es aber zur Einstimmung noch davor geben. Kurzerhand entschließen wir uns, für einen weiteren Schlenker: Die über 900 Meter hoch gelegene und weit über den Nordschwarzwald hinaus als beliebtes Ausflugziel bekannte Teufelsmühle soll es sein.

Der hier oben sich wahrlich stolz erhebende Aussichtsturm wurde 1910 aus dem für die Region typischen Buntsandstein erbaut und 1952 auf gut 16 Meter erhöht. Der Blick reicht über Loffenau ins Murgtal und

Der Aussichtsturm Teufelsmühle befindet sich auf 900 Höhenmetern.

An der Plotzsägemühl gibt es bei der Durchfahrt Offroadfeeling.

Gaggenau bis in die rheinische Tiefebene. Als markanten Punkt lässt sich das Raststätter Mercedes Werk gut ausmachen. Je nach Wetterlage reicht die Sicht auch über Karlsruhe hinweg – und sogar bis zum Kernkraftwerk Philippsburg.

Markante Plotzsägemühle

Es geht wieder ein Stück zurück, bevor wir in Richtung hinteres Albtal einbiegen. Hier steht ein weiterer Stopp an der Plotzsägemühle an. Heute ist sie ein bekanntes Ausflugsziel mit Gasthaus, Pferden und Kinderspielplatz. Die Sägemühle selbst stammt aber aus dem 13. Jahrhundert.

Das von der Alb angetriebene Holzsägewerk wurde zum Ende des 16. Jahrhunderts neu aufgebaut, und ist bis heute in seiner Ursprünglichkeit zu besichtigen. Der Name leitet sich übrigens vom geräuschvollen Herunterfallen der Säge ab. Mundartlich wird dies als „plotzen lossa" bezeichnet.

Hier fließt auch der Fluss Alb, der dem Tal seinen Namen gibt. Dessen Quelle befindet sich gar nicht weit entfernt, im Prinzip direkt unterhalb der Teufelsmühle. Entsprechend kommt die Alb hier eher als Bach daher.

Eine Freude der besonderen Art ist für alle Zweirad-Begeisterten aber selbstverständlich das Durchfahren des fließenden Gewässers. Das bietet Offroadfeeling pur, wie auf einem Tablett serviert und das Ganze unvermittelt und hautnah.

Nicht minder reizvoll bis aufregend setzt sich der Weg über die zum

Oberen Gaistal gehörenden Weiler Aschenhütte und Zieflensberg fort. Wir bewegen uns auf bis zu 24 Prozent steilen und oft äußerst schmalen Sträßchen hinauf und hinunter. Motorradfans, die dem Abseitsfahren auch nur leicht zugeneigt sind, sollten diesen Abstecher daher gerne als besonderen Tipp verstehen. Zugegebenermaßen nötigt die eine oder andere Passage – zumindest die nicht so routinierten Fahrer – mitunter auch schon mal zu einem beherzteren Entschluss der Überwindung.

Danach sind wir auch schon wieder zu unserem nächsten Zielpunkt Bad Herrenalb unterwegs. Dort kommen wir bei anhaltender Fahrfreude über das Untere Gaistal an. Es ist fast wie im Märchen.

Ins Zeug gelegt

Die Realität holt uns jedoch schnell wieder ein, dafür aber gleich in voller Blüte: Bad Herrenalb richtet zur Zeit unseres Besuches gerade die Kleine Landesgartenschau aus – und hat sich dafür mächtig ins Zeug gelegt.

Am Rande des Kurparks parken wir innerhalb einer parallel verlaufenden Ladenzeile – direkt vor einer kleinen Bäckerei – und kommen schnell mit den, anscheinend an unseren Motor-

Steil hinauf geht es ins Obere Geistal.

rädern interessierten Passanten ins Gespräch. Schnell stellt sich dabei jedoch heraus: Das Interesse gilt diesmal mehr unserem forschen Parkauftritt und weniger unseren Motorrädern.

Verwundert darüber, dass wir trotz der fremden Kennzeichen den heimischen Dialekt beherrschen, lässt sich das vermeintliche Problem aber geschwind und einfach klären. Es sind eben nette Leute, die Albtäler und auf ihre Gartenschau sind sie sehr stolz. Eigens für sie hat der Kurpark eine komplette Neugestaltung erfahren und bildet mit dem historischen Klosterviertel und der bunten Schweizerwiese eine pittoreske Kulisse.

Mächtige Ruine

Weiter geht es mit dem nur zehn Kilometer entfernten Marxzell. Ohne einen Stopp auf halber Strecke geht es aber natürlich nicht, denn plötzlich hebt sich links aus dem Tal die

Hoch oben zwischen den Tälern auf der Enz-Nagold-Platte.

mächtige Ruine des Klosters Frauenalb empor. Es handelt sich um einen magischen Platz, der sicher nicht von ungefähr zu einem Wahrzeichen des Albtals wurde.

Marxzell, das sich zurecht als Herz des Albtals bezeichnet, liegt es doch genau in der Achsmitte zwischen Bad Herrenalb und Ettlingen, hat für uns Motorradbegeisterte dafür aber ein ganz besonderen Leckerli zu bieten: ein Fahrzeugmuseum. Und

Das Wahrzeichen des Albtals: das Kloster Frauenalb.

noch dazu ein äußerst außergewöhnliches.

Damit gemeint ist der für ein Museum sicher ungewohnte äußere Auftritt: Dieser ähnelt optisch mehr einem Sammelort alter Fahrzeuge. Hinzu kommt noch eine ganze Liste weiterer Attribute. Es ist eben vieles anders hier. Neben den vielen Ausstellungsstücken in dem alten Gemäuer, das ursprünglich auch als eine Sägemühle betrieben wurde, verwandeln viele Details die Ausstellung in eine Mischung aus wertvoll und kitschig. Damit wird eine Stimmung geschaffen, die ihresgleichen sucht.

Erlesene Exponate gibt es im urigen Fahrzeugmuseum Marxzell.

Getoppt wird diese Außergewöhnlichkeit aber zudem noch von der Hingabe, mit der die Gebrüder Reichert das Erbe ihres schon Anfang der 1960er verstorben Vaters betreiben. Man sollte es erlebt haben. Bitte nicht den abschließenden Film auf 16 Millimetern auslassen, ohne den wohl die Mutter der beiden schon damals niemanden aus dem Museum ließ.

Zu wenig Zeit

Nachdem wir dann heute schon zum zweiten Mal auftauchen wie aus einer anderen Welt, machen wir uns

auf den ebenfalls wieder kurzen Weg zum nächsten Zwischenziel durchs Holzbachtal auf die Schwanner Warte. Sehr gerne würden wir noch bis nach Ettlingen vorfahren – und dabei auch noch das eine und andere Seitental mitnehmen. Aber wir möchten auch die Nordrunde von Bad Wildbad aus zu Ende fahren. Ein Tag setzt eben seine zeitliche Grenzen.

Insgesamt recht unspektakulär zeigt sich die Durchfahrt des Holzbachtals. Davon ausgenommen ist aber die Tatsache, dass wir es wieder mit einem bestechend kleinen Sträßchen zu tun haben. Wohlwollend nehmen wir zur Kenntnis, dass uns auf diesem Abschnitt kein anderes Fahrzeug entgegenkommt; Traktoren einmal ausgenommen.

Die Schwanner Warte liegt auf knapp 500 Höhenmetern und wird gerne auch als abkürzende Strecke auf die Autobahn nach Karlsruhe genutzt. Sie liegt am, bei Wanderern beliebten großen Westweg, der von Pforzheim nach Basel führt. Einmalig ist der erhabene Rundumblick vom, übrigens direkt am Westweg stehenden, Aussichtsturm.

Blick auf die Enz

Südlich der Goldstadt Pforzheim geht es weiter westwärts durch die Stadt Neuenbürg und danach gleich auf die B294 hinein ins Grösseltal, das zu Neuenbürg gehört. Der Name leitet sich von dem in die Enz fließen-

AUTOREN-TIPP

Auf dieser Tour bitte besonders gut aufpassen, denn je nach Interessenslage gibt es hier so einige markante Ziele, die sich anzufahren lohnen. Sei es eines der Klöster in Hirsau oder in Frauenalb, die Altstadt der großen Kreisstadt Calw, das wunderbar am Hang gelegene und geschichtsträchtige Wildberg oder das Oldtimermuseum in Marxzell. Der fahrerische Hit der Route schlechthin ist das Gaistal mit der **PLOTZSÄGEMÜHLE** (**GPS** 48.769, 8.433), das sich von Bad Wildbad aus in nicht mehr als einer halben Stunde erreichen lässt.

den Grösselbach ab, den wir unterwegs auch kreuzen.

Beim Blick auf die Enz hat man als Einheimischer eigentlich immer gleich die Geschichte der Flößer vor Augen.

Sehenswert: Die Kapfenhardter Mühle.

Denen diente die Enz noch bis vor 100 Jahren als der Verkehrsweg schlechthin. Zu diesem Zwecke bauten sie ihr Holz zu Flößen zusammen und transportierten ihr Gut unter abenteuerlichen Umständen von A nach B. Erst mit Erfindung der Eisenbahn und den nach und nach an das Schienennetz angeschlossenen Ortschaften, verlor dieses bis heute beeindruckende Gewerk zunehmend an Bedeutung. Im Jahre 1911 schließlich fuhr das letzte Floß die Enz hinunter. Das Heimat- und Flößereimuseum in Bad Wildbad/Calmbach erinnert heute noch mit einer sehenswerten Ausstellung daran.

Die Einkehr im Gasthof Grösseltal bereitet Gaumenschmaus.

Dominierendes Gasthaus

Wir bekommen allmählich Hunger. Eine Einkehr im gleichnamigen und das Grösseltal sozusagen allein dominierenden Gasthaus, ist eine gute Empfehlung. Dies beweist nicht zuletzt der Andrang auf die dortige Warteliste. Auf herrlichen Straßen führt uns der Weg nachfolgend über Engelsbrand an ein wieder mal sehr bekanntes und lohnenswertes Ausflugsziel, die Kapfenhardter Mühle.

Dafür muss allerdings eine recht steile Hanglage überwunden werden: Es geht über eine stählerne Brücke mal hinauf und dann wieder hinunter. Es ist geschafft. Ein bisschen verwunden ist das Ganze zwar, trifft

Auch andere Fortbewungsmittel werden auf den Straßen mitunter bewegt.

jedoch ganz den Geschmack der Enduro-Fahrer. Im gleichen Rhythmus geht es geschmeidig ländlich auf der L346 weiter. Währenddessen lassen wir im Westen Schömberg und östlich Bad Liebenzell liegen und passieren einige für uns sehr markant klingenden Ortschaften wie Schwarzenberg, Oberlengenhardt, Igelsloch und Siehdichfür. Diese Namen erinnern uns eher an Kneipenbesuche aus der Jugend als an Wegstrecken.

Über Bad Teinach-Zavelstein steuern wir nun unser vorerst letztes Zwischenziel, das Krabba Nescht in Holzbronn, an. Der Weg nach Bad Teinach, das mit seinen vielen kleinen mittlerweile eingemeindeten

Forellen gelten als leckere Delikatessen dieser Region.

Ortschaften zwischen 400 und 650 Höhenmetern liegt, ist abermals herausfordernd, denn die Strecke hat es durchaus in sich.

Nun angekommen in Holzbronn, einem Stadtteil der Großen Kreisstadt Calw, befinden wir uns bereits am äußeren Ende des Schwarzwaldes auf einer Hochebene, die zum Schlehengäu zählt. Das Krabba Nescht, ein Lokal mit der besonderen Note und origineller Atmosphäre, ist bei den regionalen Motorradfahrern stets mit auf dem Tagesausflugs-Zettel.

Lockendes Heidelbeerfest

Querfeldein geht es weiter über die Erhebung zwischen Enz- und Nagoldtal auf der so genannten Enz-Nagold-Platte. Vorbei und durch Neubulach, Neuweiler und Simmersfeld, hinunter bis nach Enzklösterle, in dem es ursprünglich ungewollt, aber wegen des gerade stattfindenden Heidelbeerfestes, zu einem letzten Stopp kommt.

Unsere Motorräder werden zurecht bestaunt und selbst vom regionalen Fernsehsender wohlwollend wahrgenommen. Das haben sie aber auch wirklich verdient bei der guten Bergleistung, die sie heute wieder mal gezeigt haben. Wir lassen es ausrollen und kommen erstaunt darüber, was wir in unserer Heimat nach so vielen Jahren „neu" entdecken konnten, äußerst zufrieden in Bad Wildbad an.

Um die Tour gebührend abzurunden, knobeln wir zum Abendessen aus, für welchen der zwei direkt vor der Haustür liegenden Forellenzüchter wir uns heute entscheiden sollen: Klaiber in Enzklösterle oder die in Calmbach. Unsere Wahl fällt dieses Mal auf den Würzbachtaler Forellengrill. Übrigens wären aber beide eine gute Wahl gewesen. ◂

INFOS ZUR TOUR

CHARAKTERISTIK

Wie es der Titel schon sagt, führt diese Tour nicht nur vorbei an einigen Mühlen, sondern ist stark geprägt durch ihr wohltuend ständiges Auf und Ab zwischen Tälern und Höhen. So führt gleich zu Beginn die Route heraus aus dem Enztal, über den Dobel und Bad Herrenalb hinab ins Albtal und von Marxzell das Holzbachtal wieder hoch auf die Schwanner Warte. So geht es weiter angenehm und herausfordernd hoch und runter zwischen Enz- und Grösseltal und der Enz-Nagold-Platte.

ÜBERNACHTUNG

Hotel Ochsen

Traumhaft gelegenes Hotel mit Schwimmbad und Sonnenterrasse. Der Juniorchef Holger begleitet auf Wunsch auch Touren.

www.ochsen-hoefen.de

GPS 48.80017, 8.58240

Landhotel Adlerhof ***s

Auf Ruhebänken in der gepflegten Parkanlage um das Hotel kann man seine Seele baumeln lassen.

www.adlerhof.de

GPS 48.83807, 8.54514

Aparthotel Schwarzwald Panorama Bad Wildbad

Hotel Garni auf Halbhöhenlage mit großartigem Panoramablick auf den malerischen Sommerberg, hinweg über Bad Wildbad.

www.hotel-schwarzwald-panorama.de

GPS 48.75172, 8.55192

KOMBINATIONSMÖGLICHKEITEN

Wer diese nur knapp über 150 Kilometer lange Tour verlängern möchte, kann sie mit der Nord-Schwarzwälder Kaffeefahrt (Tour 4) kombinieren. Dazu fährt man nach Calw und Wildberg einfach ein Stück weiter in südliche Richtung durchs Hecken- und Schlehengäu und erreicht so über kleine Strecken entlang der Hauptverkehrstrasse 463 über Nagold den Ort Heiterbach. Von hier geht es über Horb zum Wasserschloss Glatt und dann wieder zurück nach Wildbad.

Von Kurven **und Winzern**

Die Kurven und die abwechslungsreiche Landschaft, die berühmte Schwarzwaldhochstraße sowie die stets guten Aussichten auf den Schwarzwald machen die Highlights dieser Tour aus. Meist geht es dabei hochprozentig und hochklassig zu, wenn auch nur im übertragenen Sinne. Spätestens ab der Region Ortenau bewegt man sich nur noch entlang der herrlich, von der Sonne verwöhnten Hänge mit ihren prächtigen Weinreben.

Auf dem Weg zur Nagoltalsperre.

TOUR 2 ZWISCHEN SCHWARZWALD UND ORTENAU

TOUREN-STECKBRIEF

BASISORT

Bad Wildbad (48.75161, 8.54927)

STRECKENLÄNGE

ca. 240 km

DAUER DER TOUR

6 Stunden

ROADBOOK

Bad Wildbad, Kaltenbronn, Gernsbach, Schmalbach, Forbach, Raumünzach, Mehliskopf, Bühl, Neusatzeck, Unterstmatt, Sasbachwalden, Stadelhofen, Durbach, Kappelrodeck, Mitteltal, Klosterreichenbach, Igelsberg, Erzgrube/Nagoltalsperre, Enzklösterle, Bad Wildbad

HIGHLIGHTS

Die Region Ortenau ist nicht nur unter Weinkennern ein Begriff. Über Sasbachwalden und Stadelhofen, gefolgt von Nussbach und Durbach bis Oberkirch oder von Ringelbach nach Kappelrodeck, sind bekannte Rotweine, wie die „Hex vom Dasenstein“ oder der „Waldulmer Pfarrberg“ beheimatet. Wunderschöne Ausblicke und spannende Fahrten entlang von Weinreben kann man hier erleben und genießen. Der Gaumengenuss kommt deswegen garantiert nicht zu kurz. Sowohl in der Ortenau, als auch im berühmten Baiersbronn, lässt es sich wahrlich vorzüglich speisen.

Heute haben wir uns die Haus- und Hofroute meines Bruders Franz Kirchhoff vorgenommen. Er beschreibt sie folgendermaßen: „Die bin ich gefühlt schon 1000 Mal gefahren. Ich kann mich aber trotzdem an den neben der Fahrbahn liegenden Schönheiten nicht sattsehen. Außerdem liebe ich die vielen herausfordernden Kurven.“ Nach dieser Ankündigung steigt auch bei mir die Vorfreude, so dass unser Trüppchen gut gelaunt und voller Tatendrang am morgen von unserer Basis in Bad Wildbad losfährt.

Als erstes geht es das große Enztal hinauf. Vor und hinter dem Kaltenbronn, direkt am Fuße des Schwarzwaldes, liegen vier ausgewiesene Wanderparkplätze. An der L76b bleiben wir an zwei Fotopunkten stehen, die uns einen herrlichen Blick in die Rheinische Tiefebene bieten. Wir stehen dort, wo Württemberg aufhört und Baden anfängt, und sehen heute sogar den Gebirgskamm der Vogesen und den Rhein. Große Findlinge weisen gut sichtbar auf die Aussichtspunkte neben der Fahrbahn hin.

Panorama-blick auf Bad Wilbad.

Schon geht die Fahrt weiter in Richtung Gernsbach. Bald darauf entdecken wir das Schloss Eberstein. Es thront schon seit über 700 Jahren über dem Murgtal und bietet bis heute einen majestätischen Anblick. Heute befindet es sich in Privatbesitz und wird als Hotel mit angeschlossenem Restaurant betrieben.

Auf dem Weg zur berühmten Schwarzwaldhochstraße.

Suche nach dem Glück

Kurze Zeit später fahren wir in Richtung Forbach, vorbei an dem in der Region äußerst bekannten Waldhotel Forellenhof. Bei den Giersteinen, das sind 160 Meter steil über der Murg gelegene Granitblöcke, halten wir abermals für ein Foto-Shooting.

Die Pause dient aber auch noch einem anderen Zweck: Wer auf der Suche nach dem Glück ist, kann an diesen Felsbrocken fündig werden, denn an den Giersteinen befindet sich ein Rundwanderweg namens Glücksweg. Unsere Route führt uns weiter über die L442, dann der L83 folgend nach Raumünzach. Immer entlang der Murg, die dem Murgtal seinen Namen verlieh.

Unsere Augen und Sinne wissen nicht, was sie zuerst aufnehmen sollen: Die kurvenreiche Strecke, die Sonnenspiegelungen im Fluss oder die wunderschöne, abwechslungsreiche Landschaft des Schwarzwaldes. Den ersten Erfrischungs-Stopp dieser

Blick auf die Burg Eberstein im Murgtal.

Die Schwarwaldhochstraße ist fast wie eine Autobahn ausgebaut.

Tour legen wir an der Schwarzenbach-Talsperre ein. Hier am Staumauerkiosk befindet sich ein Biker-Treff.

Berühmt-berüchtigt

Beim Mehliskopf kreuzen wir die berühmte und berüchtigte Schwarzwaldhochstraße B500. Berühmt, weil sie die schönste Bundesstraße des Schwarzwaldes ist, und berüchtigt, weil hier jedes Jahr zahlreiche Biker verunglücken. Um dem Einhalt zu gebieten, sorgen die Behörden für unzählige Blitzer, Lasermessungen und Verkehrskontrollen.

Jetzt, unten im Bühlertal angekommen, erleben wir am Aussichtspunkt Wiedenfels eine grandiose Aussicht. Im Ort (im Museum Geiserschmiede) haben Besucher die Möglichkeit, das alte Schmiedehandwerk näher kennen zu lernen. Leider ist das Museum nur jeden zweiten und vierten Sonntag im Monat geöffnet. Wir sind natürlich an einem anderen Tag unterwegs.

Daher geht es direkt weiter in Richtung Bühl, wo das Stadtmuseum in der Schwanenstraße seine Gäste zu einer Reise durch die Entwicklung der Stadt einlädt. Mein Bruder Fritz muss bei Bühl aber nicht an die Entwicklung der Stadt denken, sondern an die des hier angebauten Weins.

Er erläutert uns: „In dieser Gegend entsteht nicht nur wegen des guten und sandigen Bodens so ein hervorragender Wein, sondern auch wegen

AUTOREN-TIPP

Als eines der besten deutschen Weinanbaugebiete, lohnt es in der Ortenau allemal bei dem ein oder anderen namhaften Winzer reinzuschauen. Die Erzeuger wie **MÄNNLE** (**GPS** 48.496, 8.038) und **LAIBLE** (**GPS** 48.499, 7.993) in Durbach oder die Genossenschaft in Sasbachwalden / **ALDE GOTT** (**GPS** 48.620, 8.122) sollen hier nur beispielhaft für die vielen anderen populären Weingüter genannt werden. Einem Einkauf steht nichts im Wege, denn im Regelfall versenden die Winzer ihre Erzeugnisse auch.

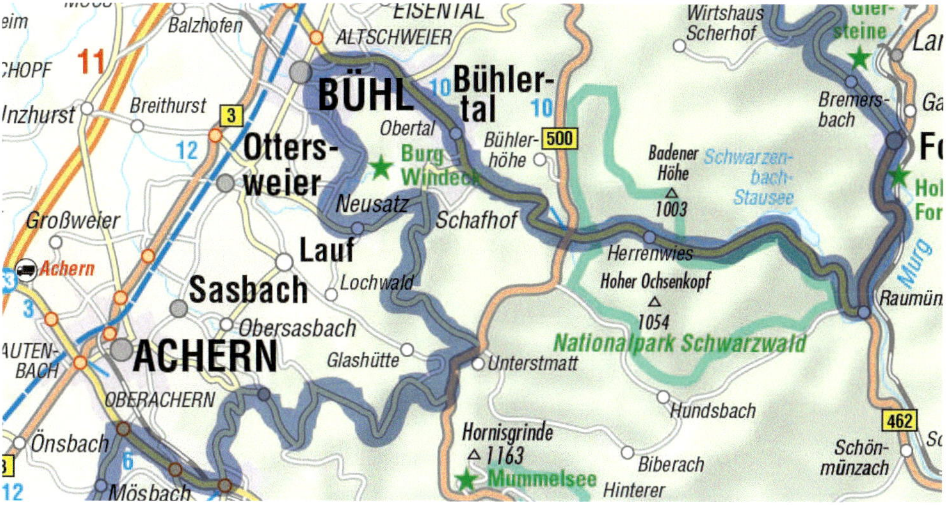

des tollen Klimas mit besonders vielen Sonnenstunden." Der Wein hier sei von der Sonne nicht verschont, sondern im Gegenteil extrem verwöhnt. Rein auf die Sonnenstunden bezogen, stehe diese Region sogar im direkten Wettbewerb mit Usedom.

Viele Sonnenstunden

Unser „Experte" führt diese Tatsache noch weiter aus: „Zwar haben die dort an der Ostsee insgesamt noch ein paar Sonnenstunden mehr als wir, dafür aber keinen Wein." Damit hat er natürlich vollkommen recht. Es verwundert daher wenig, dass es in Bühl eine Vielzahl von Weinerzeugern gibt.

Ein kleiner gedanklicher Abstecher in Sachen Wein: Zuallererst ist die gesamte Region Ortenau Heimat des Rieslings, aber auch der Burgunder ist hier zuhause. Das „Weinparadies Orte-

Weitausladende Weinberge in Ortenberg-Gengenbach.

nau“ ist ein Zusammenschluss von 50 Weinbaubetrieben und liegt im Herzen Badens, genauer gesagt zwischen Gernsbach und Gengenbach.

Meine Gedanken schweifen bei dieser Überlegung ab nach Durbach, durch welches wir später noch fahren werden. Dort kaufe ich selbst gerne und häufig meinen Wein, den ich dann üblicherweise in meiner Wahlheimat Stralsund mit Freunden genieße. Entsprechend bin ich während meiner durchaus häufigen Schwarzwaldbesuche bei den örtlichen Weingütern, aber auch Winzergenossenschaften, als guter Kunde gerne gesehen. Die Durbacher haben folgende Redensart verinnerlicht: „Wein ist Durbach und Durbach ist Wein – Ortenau eben!“

Ja, die Region ist schon etwas für Kenner und Genießer. Das dürfen wir die ganze Tour über erleben. So in Gedanken kann ich sogar eine Gemeinsamkeit zwischen uns Motorradfahrern und den Weinreben ausmachen: Wir alle freuen uns über zahlreiche Sonnenstunden.

Lustiger Schnapsbrunnen

Mit den Gedanken zurück in Bühl, fällt mein Blick auf die Burgruine Alt-Windeck die hoch oberhalb der Stadt thront. Wer im Bühlertal keinen Kaffee-Stopp einlegen möchte, kann diesen auf der romantischen Seeterrasse am Wildgehege neben der L86 nachholen. Bei der Weiterfahrt ruft mir Fritz zu: „Jetzt muss ich dir unbedingt etwas Besonderes an der Gaishöll zeigen.“

Tatsächlich, ich bin beeindruckt: Hier gibt es einen Schnapsbrunnen. Für einen kleinen Kostenbeitrag kann man sich ein Gläschen genehmigen.

Die besten Tropfen lagern in Holzfässern.

Ein origineller Schnapsbrunnen bei Sasbachwalden.

Jetzt kenne ich wenigstens einen Ort in Deutschland, an dem ich für „einen schlappen Euro“ etwas Gehaltvolles bekommen kann. Als verantwortungsvoller Biker verzichte ich aber selbstverständlich. Insgesamt gibt es in der Region, genauer gesagt auf der Gemarkung Sasbachwalden, übrigens gleich zehn solcher Schnapsbrunnen.

Das Wasser des Brandbachs stürzt hier durch eine enge Schlucht hinab, die Gaishöll genannt wird. Auf diese Weise entstand im Laufe der Jahrtausende eine wildromantische Wald-

Kurven gibt es in der Ortenau reichlich.

schlucht mit vielen sehenswerten Wasserfällen. „Höll" ist ein althergebrachter Name für eine enge, wilde Gegend mit vielen Felsen und Steinen.

Wer den circa 800 Meter langen Weg über 225 Stufen und 13 Brücken sowie den Höhenunterschied von 154 Metern hinter sich lässt, meint das Zuhause vom wilden Waldschrat, von grummeligen Trollen, verwunschenen Elfen und Baumgeistern oder sonstigen sagenumwobenen Wesen gefunden zu haben.

Schmückende Blumen

Weiter geht es für uns in das bekannte Blumen- und Fachwerkdorf Sasbachwalden. Warum der Ort so genannt wird, ist uns schnell klar: Wo wir auch hinblicken schmücken bunte Blumen die Häuser und öffentlichen Plätze. Die badische Genussmeile Sasbachwaldens verbindet fast alle Restaurants und Weinerzeuger des Ortes. Auch hier prägen die Weinberge das Bild der örtlichen Umgebung. Sogar ein Michelin-Stern glänzt hier am kulinarischen Himmel, und zwar über dem Hotel Talmühle mit seinem Restaurant Fallert – und das schon seit 1977.

Wer in Sasbachwalden übernachten möchte, kann dies nicht nur in einem Hotel, sondern auch in einem waschechten Weinfass. Der Hof Wild bietet dieses Erlebnis an. Für uns ist das aber nichts. Es ist noch früh am Tag und wir

Sasbachwalden trägt seinen Beinamen Blumenstadt zu Recht (oben). Die katholische Kirche St. Albin in Waldulm (linke Seite).

Der Park des Hotels Spinnerhof in Sasbachwalden ähnelt einem Freiluftmuseum.

Die Motorräder passen optisch gut zu den Reben.

wollen das herrliche Wetter auf unserer Weiterfahrt genießen.

Interessant ist, dass oberhalb von Sasbachwalden zurzeit eine weitere Attrakton entsteht: Die Grundig-Erbin Maria Wruck investierte etwa 20 Millionen Euro ihres Privatvermögens und lässt dort zurzeit die Anima Tierwelt Breitenbrunnen errichten. Auf einer Fläche von mehr als 50 Hektar sollen Besucher zukünftig die Tiere des Schwarzwaldes in ihrer natürlichen Umgebung erleben können. Gleichzeitig soll es einen Schaubauernhof, einen Erlebnisspielplatz sowie einen Gasthof geben.

Vom einstigen Kloster in Allerheiligen ist nur noch eine Ruine übrig.

Tiefer ins Weinparadies

Jetzt kommen genau die 40 Kilometer, die dieser Motorrad-Tour erst den richtigen Spirit verleihen und den Winzerkurven die Krone aufsetzen: Man fährt nämlich direkt durch die Reben hindurch, sieht Weinlage neben Weinlage. Besonders im Herbst ist dies eine atemberaubende Farbenpracht. Die Fahrt bringt uns durch Stadelhofen, gefolgt von Nussbach und weiter durch Durbach, dort, wo der große Durbacher Plauelrain von den namhaften Winzern der Weingüter Laible oder Männle ausgebaut wird – und, na klar, erinnere ich mich erneut an den schon erwähnten durbacher Spruch.

Bergwacht an der berühmten Schwarzwaldhochstraße.

Weiter geht es über Oberkirch durch Ringelbach nach Kappelrodeck, dorthin, wo ebenfalls ganz bekannte Rotweine ihr Zuhause haben. Dazu gehören zum Beispiel die „Hex vom Dasenstein" oder der „Waldulmer Pfarrberg". Zusammen mit seinem Ortsteil Waldulm, gehört Kappelrodeck zu den bekanntesten deutschen Rotweingemeinden. Hier wird Sekt, auch nach dem französischen Prinzip der Flaschengärung, hergestellt.

Im Anschluss lenken wir unsere Motorräder abermals in Richtung Schwarzwaldhochstraße. Auf dem Weg zu ihr passieren wir die berühmten Wasserfälle in Allerheiligen. Über 83 Meter stürzt das Wasser hier laut tosend in sieben Kaskaden als beeindruckendes Wasserspiel hinab ins Lierbachtal.

Viele Michelin-Sterne

Wieder oben auf dem Ruhestein, kreuzen wir erneut die B500, fahren aber über die L401 runter in Richtung Obertal. Bergab fahrend, erreichen wir

Acht Sterne auf kleinstem Raum. Davon hat auch die Traube drei.

Baiersbronn, den Ort mit den meisten Sterne-Restaurants Deutschlands. Es gibt in unserem Land keinen Ort, der eine höhere Dichte an Sterne-Köchen aufweist als dieser. Ein Menü in der Schwarzwaldstube im Hotel Traube Tonbach, im Restaurant des Hotels Bareiss oder dem Gourmetrestaurant Schlossberg ist ein Gaumenerlebnis der Sonderklasse. Doch wir sind heute nicht passend gekleidet für solch eine Unternehmung.

Beliebter Biker-Stopp

Ab Baiersbronn folgen wir der ebenso schönen wie kurvenreichen B462, biegen aber in Heselbach rechts auf die L409 in Richtung Igelsberg ab um die zahlreichen Blitzer zu umgehen. Ab Igelsberg führt uns die Route über die L362 zur Nagoldtalsperre. Hier besuchen wir den Biergarten vom Seeheiner, einem beliebten Biker-Stopp. Und schon ist der Kreis geschlossen und wir finden den Weg zurück zum Ausgangsort Bad Wildbad.

Am Ende des Tages zählt der Kilometerzähler nur die nüchterne Distanz, jedoch bei Weitem nicht den Heidenspaß, die unfassbare Freude, die positiven Eindrücke, die grandiosen Sehenswürdigkeiten und herrlichsten Landschaften des Schwarzwaldes – genauso wenig wie die unzähligen Kurven in Schräglage, die wir unterwegs genossen haben. ◄

Sonnige Pause an der Nagoldtalsperre.

INFOS ZUR TOUR

CHARAKTERISTIK

Aus dem östlichen Nordschwarzwald von Bad Wildbad kommend, erreicht man erst nach zwei fahrerisch anspruchsvollen Höhenüberwindungen, nämlich zuerst der des Kaltenbronns und der der Schwarzwaldhochstraße eine klimatisch ganz andere Welt. Jetzt befindet man sich in der Ortenau und damit in der Rheinischen Tiefebene, die mit ihrer tropischen Atmosphäre den dortigen Weinanbau so sehr begünstigt.

ÜBERNACHTUNG

Hotel & Restaurant Renchtalblick

Abends serviert man hier Spezialitäten und hinterher einen Schnaps aus eigener Brennerei.

www.renchtalblick.de

GPS 48.52507, 8.07415

Hotel Lamm

Hier gilt es Ruhe und Geborgenheit zu genießen, die familiäre Gastfreundschaft zu erleben und sich verwöhnen zu lassen. Sehr gute regionale Küche.

www.lamm-mitteltal.de

GPS 48.51955, 8.32440

Landgasthof Waldhorn

Für Motorradfahrer ist die Umgebung das reinste Kurvenparadies – und der Wirt gibt passende Tourentipps.

www.landgasthof-waldhorn.de

GPS 48.68453, 8.36173

KOMBINATIONSMÖGLICHKEITEN

Wenngleich diese Tour einen Reisetag gut und locker ausfüllt, so steht dennoch einem Abstecher nach Frankreich nichts im Wege. Kurz vor Durbach ist man von Appenweier aus sehr schnell über die Rheinbrücke Kehl im Nachbarland und damit auch schon gleich im Zentrum von Strasburg, das einen Bummel immer lohnt.

Erbaut
anno
1604
ZONE

Kuckuckstour

Hier ist alles etwas größer, höher und exquisiter: Der Kuckuck und seine berühmte Uhr, ob riesengroß oder winzig klein, wird auf dieser Tour von nicht minder imposanten Uhrenträgern, Wasserfällen und Anstiegen bis auf die Passhöhe Ruhestein begleitet. Daneben gibt es das Schwarzwälder Freilichtmuseum Vogtsbauernhof und den größten deutschen Marktplatz in Freudenstadt sowie das Sternedorf Baiersbronn zu entdecken. Intensiver und näher lässt sich das, wofür der Schwarzwald schlechthin steht, wohl kaum erleben.

Schiltach ist geprägt von seinem mittelalterlichen Stadtbild.

TOUREN-STECKBRIEF

BASISORT

Bad Wildbad (48.75161, 8.54927)

STRECKENLÄNGE

ca. 283 km

DAUER DER TOUR

7 Stunden

ROADBOOK

Bad Wildbad, Poppeltal, Freudenstadt, Loßburg, Fluorn Winzeln, Niedereschach, Dauchingen, Schönwald, Triberg, Wolfach, Halbmeil, Sankt Roman, Oberwolfach, Bad Peterstal-Griesbach, Ruhestein, Mitteltal, Erzgrube, Bad Wildbad

HIGHLIGHTS

Die Tour ist geradezu gespickt mit schwarzwaldtypischen Highlights. Hierfür stehen zum Beispiel in Triberg (48.13016, 8.23244) der weltgrößte Uhrenträger, sowie die weltgrößte und -kleinste Kuckucksuhr sowie die Heimat des weltbekannten Bollenhutes. Ebenso der größte Marktplatz Deutschlands in Freudenstadt (48.46464, 8.41185), das Quellenland (Schwarzwald-Baar-Kreis) und Deutschlands höchste Wasserfälle (48.12631, 8.22749). Dazu gibt es kurz vor dem Ziel, in Baiersbronn (48.50810, 8.37081), mit gleich acht Michelin-Sternen noch eine kulinarische, weit über den Schwarzwald hinaus bekannte, Superlative.

Bei dieser Tour erlebe ich gleichzeitig eine kleine Reise durch meine Kindheit. Damals fuhren wir von Bad Wildbad regelmäßig nach Freiburg im Breisgau, weil meine Eltern von dort stammten und dort immer noch freundschaftliche Beziehungen pflegten. Ein ums andere Mal hielten wir an, um unterwegs die Schönheiten abseits der Strecke zu bestaunen.

Mittlerweile bin ich in Stralsund zuhause, dennoch fahre ich diese Strecke bei Besuchen in meiner Heimat immer noch sehr gerne. Als Startpunkt bietet sich für mich natürlich, heute wie damals, Bad Wildbad an. Heute soll es aber nicht bis nach Freiburg gehen, sondern nur nach Villingen-Schwenningen, und dann in einer großen Schleife über Triberg, Wolfach und Baiersbronn wieder zurück. Natürlich versäume ich es dabei nicht, auch mit meinen Mitreisenden an den Schönheiten neben der Strecke Halt zu machen.

Größter Marktplatz

Durch das große Enztal geht es von Bad Wildbad in Richtung Süden, danach auf der B294 über Besenfeld vorbei an Freudenstadt. Die 732 Meter über dem Meeresspiegel liegende große Kreisstadt ist für den größten Marktplatz Deutschlands berühmt und besticht in der kalten Jahreszeit gerne durch ihr prächtiges Winterkleid. Ein Spaß, besonders für Kinder,

sind im Sommer die darauf befindlichen 50 Wasserfontänen.

Darüber hinaus hat Freudenstadt noch eine weitere Superlative zu bieten: Die Stadt nennt den höchstgelegenen Rosenweg ihr Eigen. Zusätzlich ist Freudenstadt die erste Fairtrade-Stadt im Schwarzwald. Zwischen Baden-Baden und Freudenstadt befindet sich übrigens auch der Nationalpark Schwarzwald. Das rund 10 000 Hektar große Areal ist Baden-Württembergs erster Nationalpark. Er wurde 2014 gegründet.

Trotz der namentlichen Ähnlichkeit zum Naturpark Schwarzwald Mitte/Nord, der den Nationalpark gänzlich umschließt, gehören die beiden Institutionen nicht zusammen. Besucher können hier vom Sperlingskauz (der kleinsten Eule Europas) bis zum Wanderfalken (dem schnellsten Vogel der Welt) viele unterschiedliche Tierarten bestaunen. Ziel des Nationalpark-Teams ist es, dass spätestens in 30 Jahren drei Viertel der Gesamt-

Bad Wildbad schmiegt sich idyllisch an die Enz.

Freudenstadt hat den größten Marktplatz in Deutschland.

Das Backloft Loßburg lohnt sich zum zweiten Frühstück.

fläche gänzlich sich selbst überlassen sind. Der natürliche Prozess soll ganz ohne menschliches Eingreifen ablaufen. Seit März 2017 gibt es offiziell die Möglichkeit sowohl im Nationalpark als auch im Naturpark in sogenannten Trekking-Camps zu zelten.

Namensgebende Kinzig

Direkt an der B294 Pforzheim–Freudenstadt–Freiburg liegt der Ort Loßburg. Hier entspringt die Kinzig, die später bei Kehl in den Rhein mündet und dem bekannten Tal seinen Namen gibt. Über einen Waldweg gelangt man von der Kinzigquelle zum 35 Meter hohen Vogteiturm auf der Rodther Höhe. Von hier hat man einen herrlichen Blick bis hin zur Schwäbischen Alb.

Wer sich für die Geschichte der 7 500-Seelen-Gemeinde interessiert, kann sich darüber im Heimatmuseum im alten Rathaus informieren. Wir machen einen kleinen Stopp bei Ziegler's Backloft zum zweiten Frühstück. Dann drehen sich die Räder unserer Maschinen auf kleinen Straßen über die Dörfer weiter und bringen uns geradewegs nach Niedereschach.

Das „Quellenland" Schwarzwald-Baar-Kreis ist gleich aus mehreren Gründen erwähnenswert. Hier entspringen gleich mehrere Flüsse: Brigach, Breg, Elz, Gutach, Neckar und

Schiltach ist eine Stadt wie aus dem schwarzwälder Bilderbuch.

Schiltach. Darüber hinaus befindet sich hier der bereits angekündigte Ort Nidereschach, in dem sich das große Werk des Motorradzubehörspezialisten Touratech befindet.

Wer das Unternehmen sonst nur aus dem Internet, über Kataloge oder von Motorradmessen kennt, wird bei ei-

nem Besuch vor Ort über die Größe erstaunt sein. Natürlich bietet ein großer Verkaufs-Showroom dem motorradbegeisterten Publikum auch die Gelegenheit zum Direkteinkauf. Die öffentliche Kantine schont übrigens den Geldbeutel und ist eine Empfehlung für das Mittagessen.

Tägliches Glockenspiel

Doch der Ort hat auch darüber hinaus noch einiges zu bieten. So zeigt zum Beispiel das Heimatmuseum im ehemaligen Fischbacher Rathaus Interessierten unterschiedliche Lebensräume: vom Klassenzimmer bis zur Werkstatt. Um 12.05 Uhr sollte man zudem dem Glockenspiel am Rathaus lauschen, das übrigens mehrmals täglich je fünf Melodien zum Besten gibt.

Auch wir halten inne und lauschen kurz. Dann geht es über die B33 weiter. Zunächst in das schöne und für den Schwarzwald so bekannte St. Geor-

Mittagsstopp bei Touratech (oben). Die Kühe grasen in Schönwald (unten).

EXTRA-TIPP

Empfehlenswert ist der Besuch der **WASSERFÄLLE ALLERHEILIGEN**. Hierzu bedarf es lediglich auf der Rücktour eines kleinen Schlenkers, nämlich nach Bad Peterstal-Griesbach über Oppenau und von dort hoch zu den Wasserfällen nach Allerheiligen (**GPS** 48.537, 8.193). Diese imposant zu sehenden Wasserkaskaden, die über sieben Stufen an einer steilwandigen Schlucht über circa 80 Meter in die Tiefe stürzen, gelten als die größten natürlichen Wasserfälle des Nordschwarzwaldes. Weiter geht es von hier zurück auf die ursprüngliche Route zum **RUHESTEIN**. Wer Nervenkitzel genießen möchte, nimmt die schmale Serpentinenpiste über den Schliffkopf (**GPS** 48.535, 8.215).

gen. Von dort aus geht es über kleinere Straßen weiter nach Schönwald auf die B500 und gleich danach weiter zu Deutschlands höchsten Wasserfällen in Triberg. Am Eingang der Triberger Wasserfälle begrüßt uns ein 2,20 Meter hoher – und handgeschnitzter – schwarzwälder Uhrenträger. Wer ihn schon für groß hält, wird seinen „großen Bruder“ vermutlich als gigantisch erachten.

Mit vier Metern Höhe gilt dieser nämlich als der weltgrößte Uhrenträger. Zu sehen ist er im Triberger Parkhotel Werle. Aber auch das Schwarzwaldmuseum mit seiner großen Drehorgel-Sammlung und die

Wallfahrtskirche mit ihrem beeindruckenden Barockaltar sind dort einen Besuch wert.

Der Kuckuck ruft

Richtig berühmt geworden aber ist Triberg wegen der weltgrößten Kuckucksuhr im Eble Uhrenpark, die von innen und außen besichtigt werden kann. Ihr Pendant, die weltkleinste Kuckucksuhr, gibt es in der Uhrenfabrik Hubert Herr zu bestaunen. Sie ist nur 13,5 Zentimeter hoch.

Hinter Triberg mündet die B500 wieder in die B33, wo wenig später das „Haus der 1000 Uhren“ einen Besuch lohnt. Hier gibt die Tribären-Familie zu jeder Viertelstunde ein kleines Konzert. Zur halben und vol-

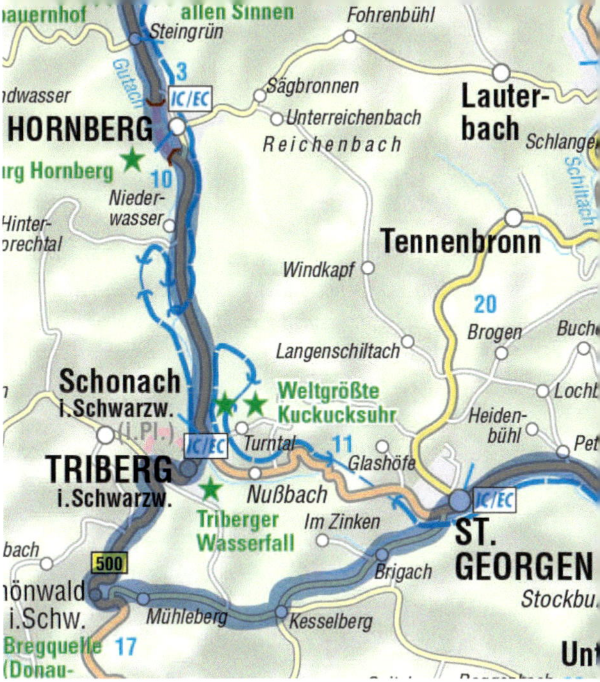

len Stunde grüßt der Kuckuck aus seiner Uhr. Parallel der Gutach verläuft die Strecke später über Hornberg ins gleichnamige Dorf.

In der Heimat des Bollenhutes machen wir Rast und überlegen kurz ob auch wir uns mit dem Schwarzwaldbob die örtliche Rodelbahn hinunterstürzen sollen. Wir entscheiden uns dann aber doch dafür, dem Treiben nur eine Weile zuzusehen und alsbald unsere Fahrt fortzusetzen.

Einige Kilometer weiter bietet das Freilichtmuseum Vogtsbauernhof Schwarzwaldgeschichte der letzten 400 Jahre. In der guten Stube zeigt Bollenhutmacherin Gabriele Aberle aus Gutach die traditionelle Herstellung der weltweit bekannten Hüte. Ein echter Bollenhut wiegt übrigens stolze 1,5 Kilogramm. Bei

Die StadtTriberg bietet eine vielfältige Uhrensammlung (oben und Mitte). Geschäftiges Treiben rund um den Vogtsbauernhof (unten).

Museale Schlafstube im Vogtsbauernhof.

ledigen Frauen sind die Bollen rot, sobald sie verheiratet sind tragen sie schwarze Bollen. Unser Weg führt uns weiter durch das Kinzigtal. Hier befinden wir uns übrigens schon im Bereich des Naturparks Schwarzwald Mitte/Nord.

Kurz hinter Gutach fahren wir durch Wolfach. In der Zeit von Mai bis Oktober führt hier jeden Donnerstag- und Samstagabend ein Nachtwächter durch die Straßen. Jetzt könnten wir uns quasi auf direktem Weg wieder in Richtung Ausgangsort machen. Aufgrund des guten Wetters entschließen wir uns aber dazu noch eine weitere Schleife über Sankt Roman zu fahren.

Für Insider

Wir folgen also weiter der B294 Richtung Schiltach, durchfahren den Wolfacher Ortsteil Kinzigtal und biegen kurz vor Lehengericht nach links auf das „Sulzbächle“ ein. Die Strecke ist normalerweise etwas für Schwarzwald-Insider.

Bei dem Gedanken an Sankt Roman kommt mir gleich der Spruch „Suchst Du einen Mann, wallfahr nach

Auf dem Weg nach St. Roman.

St. Roman“ in den Kopf. Dem Schutzpatron der Kirche St. Roman wird nämlich nachgesagt, Mädchen beim Finden eines geeigneten Mannes helfen zu können. Früher sollen deshalb viele heiratswillige Frauen am Patroziniumstag (9. August) in die Bergkirche gekommen sein. Heute lockt vor allem die schöne Umgebung des kleinen Bergdorfes. Nicht minder kurvig und bergauf wie bisher geht es weiter nach Bad Peterstal-Griesbach.

„Natürlich und rein …“ – so werben, sicher nicht zu Unrecht, die großen Abfüller in Bad Peterstal und Bad Griesbach für ihr vor allem im Schwarzwald bekanntes, gleichnamiges Mineralwasser. Bad Peterstal-Griesbach liegt mitten im oberen Renchtal.

Für Liebhaber zweirädriger Gefährten lohnt sich ein Besuch des Moped- und Rollermuseums im Ortsteil Bad Peterstal. Auf 230 Quadratmetern befinden sich etwa 90 Exponate aus der Zeit der 1950er bis 1980er Jahre. Jetzt schon wieder oberhalb von Bad Peterstal-Griesbach, sind wir am Wegscheidkreuz Alexanderschanze. Hier, auf fast 1000 Metern Höhe ist ein Wildtierpark geplant.

Ins Sternedorf Baiersbronn

Als nächstes erreichen wir die Passhöhe Ruhestein auf der Schwarzwaldhochstraße. Einst verlief hier die Grenze zwischen dem Großherzogtum Baden und dem Königreich Württemberg.

Aus Bad Peterstal-Griesbach stammt das gleichnamige Mineralwasser.

Der Bikertreff Seeheiner an der Nagoldtalsperre ist sehr beliebt.

Ein großer Sandstein-Findling mit Grenzzeichen legt heute noch Zeugnis davon ab. Hier befindet sich das Nationalparkzentrum des Nationalparks Schwarzwald mit einer Dauerausstellung. Ruhestein ist zudem ein beliebtes Ziel für Wintersportler. Aber die Skilifte lassen uns kalt, denn wir setzen unseren Weg nach Baiersbronn fort.

Preisgekröntes Dorf

Willkommen im Sternedorf Baiersbronn: Nein, wir sind nicht auf der Fahrt hierher dehydriert und zeigen nun erste Anzeichen von Wahnsinn. Obwohl, wahnsinnig ist es schon, was hier in den Sterne-Restaurants gezaubert wird – und zwar wahnsinnig gut!

Mit insgesamt acht Michelin-Sternen – drei für die Schwarzwaldstube im Hotel Traube in Tonbach, drei für das Gourmetrestaurant Bareiss im Hotel Bareiss in Mitteltal und zwei für das Restaurant Schlossberg im Hotel Sackmann in Schwarzenberg – besitzt Baiersbronn laut

Die unbenannte Brücke an der Nagoldtalsperre.

einem Artikel aus der New York Times genauso viele Restaurants mit drei Michelin-Sternen wie London.

Dies würde man der waldreichsten Feriengemeinde Baden-Württembergs auf den ersten Blick eigentlich gar nicht zutrauen, oder?

Im Ort Mitteltal sind drei von acht Sternen zuhause. Er ist der größte Teilort von Baiersbronn. Besonders die Landschaft des Murgtals erfreut hier die Besucher.

Aus Obertal-Buhlbach-Schliffkopf, genauer gesagt aus der Glashütte Buhlbach, stammen die modernen Champagnerflaschen mit Namen Buhlbacher Schlegel. Auch noch erwähnt werden sollte Tonbach, denn in ihm schließt sich der kulinarische Kreis wieder. Das Restaurant Schwarzwaldstube hat seine drei Michelin-Sterne erstmalig im Jahr 1992 verliehen bekommen – und sie seither nie mehr abgegeben.

Zurück nach Bad Wildbad

Vor lauter Haute Cuisine ganz hungrig machen wir uns auf den Rückweg nach Bad Wildbad und halten beim beliebten Bikertreff Seeheiner an der Nagoldtalsperre an. Hier ist es nicht preisgekrönt, aber sehr lecker! Von dort geht es das Schorrental hoch auf die B 294 und über Aichelberg zurück zu unserem Ausgangsort. ◄

Entlang der Enz in Bad Wildbad.

INFOS ZUR TOUR

CHARAKTERISTIK

Am östlichen Rande des Schwarzwaldes verläuft diese Tour zunächst vom dichtbewaldeten Norden bei Bad Wildbad über Besenfeld und Freudenstadt in die etwas tiefer gelegenere Region des Schwarzwald-Baar-Kreises. Von hier, der östlichen Mitte des Schwarzwaldes, die Schwäbische Alb scheinbar zum Greifen nahe, führt die Tour kurvenreich ins Herz des Mittleren Schwarzwaldes. Vorbei an den für die Region stehenden Wahrzeichen und dadurch namhaften Ortschaften wie St. Georgen, Triberg und Hornberg schließt sich der Tourenkreis, sogar über einen Pass, fahrerisch höchst anspruchsvoll, in Bad Wildbad.

PÄSSE DER TOUR

Alexanderschanze (970 Meter)
GPS 48.48008, 8.27601

ÜBERNACHTUNG

Hotel Royal
Eine Garage für das Motorrad und ein Trockenraum sind vorhanden. Idealer Ausgangspunkt für Motorradtouren in den Schwarzwald oder auf die Schwäbische Alb.
www.hotelroyal-vs.de
GPS 48.06059, 8.53271

Hotel Landgasthof Sonne
Bereits seit 1879, nun in der fünften Generation, werden hier die Gäste mit Leidenschaft verwöhnt.
www.sonne-aischfeld.de
GPS 48.34337, 8.46040

Gasthof Schweizerhof
Familiär geführtes Haus mit frisch renovierten Zimmern und guter Küche.
www.gasthof-schweizerhof.de
GPS 48.106, 8.471

KOMBINATIONSMÖGLICHKEITEN

Auf dem Rückweg kann man die Tour 2 perfekt anbinden.

Palais Thermal / Quellenhof
U2 Tunnel

Kurz und **Glatt**

Entspanntes Cruisen auf verschlungenen Wegen ist auf dieser, vergleichsweise kurzen, Tour am Rande des nördlichen Schwarzwaldes angesagt. Von Bad Wildbad mit seinen prominenten Thermalbädern geht es abseits vielbefahrener Routen über die Hochfläche der Enz-Nagold-Platte mit dem Meistern vorbei an Freudenstadt bis in den Bereich des mittleren Schwarzwaldes.

Im ehemaligen König-Karls-Bad befindet sich heute das Haus des Gastes.

Bad Wildbad im Schwarzwald
Palais Thermal
Sommerberg 784
Lautenhof
Meistern
Sprollenhaus
Nonnenmiss
Enzklösterle
Aichelberg
Hünerberg
Hofstett
Neuweiler
Mittelenztal
Rohnbach
Gompelscheuer
Simmersfeld
Zwerenberg
Ettmannsweiler
Berneck
Burg Berneck
Altensteig
Altensteiger Schloss
Fünfbronn
Eisenbach
Seewald
Göttelfingen
Garrweiler
Grömbach
Schernbach
Wörnersberg
Erzgrube
Walddorf
Egenhausen
Spielberg
Beihingen
Bösingen
Haiterbach
Pfalzgrafenweiler
Kälberbronn
Durrweiler
Neunuifra
Altnuifra
Unter-talheim
Ober-talheim
Cresbach
Lützenhardt
Heiligenbronn
Salzstetten
Königskanzel
Waldachtal
Tumlingen
Altheim
Schopfloch
Grünmettstetten
Horb am Neckar
Dornstetten
Glatten
Dettlingen
Bittelbronn
Rexingen
Ihlingen
Dießen
Isenburg
Betra
Dettingen
Priorberg
Dürrenmettstetten
Glatt
Schloss Glatt
Fischingen
Schnaithof
Sulz a. Neckar
Freudenstadt
Baiersbronn
Loßburg
Nagold
Calw
Bad Liebenzell
Neubulach
Wildberg
Ebhausen
Gaggenau
Gernsbach
Baden-Baden
Bad Herrenalb
Neuenbürg
Schömberg
Forbach
Empfingen
Eutingen im Gäu
Ergenzingen
Starzach
Alpirsbach
Dornhan
Vöhringen

TOUREN-STECKBRIEF

BASISORT

Bad Wildbad (48.75161, 8.54927)

STRECKENLÄNGE

ca. 141 km

DAUER DER TOUR

3,5 Stunden

ROADBOOK

Bad Wildbad, Hofstett, Berneck, Haiterbach, Horb, Glatt, Dettingen, Schopfloch, Waldachtal-Vesperweiler, Pfalzgrafenweiler, Wörnersberg, Erzgrube, Göttelfingen, Poppeltal, Enzklösterle, Bad Wildbad

HIGHLIGHTS

Der topographische Anspruch an den Motorradfahrer wird bei dieser Strecke mit den vielen gut zu beherrschenden Kurven auf engen Sträßchen zur gerne angenommenen Herausforderung. Neben den herrlichen Ausblicken auf die Landschaft am nördlichen Rande des Naturparks Schwarzwald Mitte/Nord besticht ein Highlight ganz besonders: Das riesige Stück Schwarzwälder Kirschtorte im Café Wasserschloss Glatt (48.38679, 8.62510)bei Sulz am Neckar.

Frischwasser am Sommerberg.

Ausgangsort dieser Tour ist Bad Wildbad.

Der Baumwipfelpfad und die Wild Line Hängebrücke zählen zu den großen jungen Attraktionen.

Ein guter Hauch Nordschwarzwald soll auf die Kürze erfahren werden? Diese Schwarzwälder Kaffeefahrt macht es möglich. Enzaufwärts starten wir diese Tour in südlicher Richtung über den zu Bad Wildbad gehörenden Ortsteil Aichelberg. Auf der Hochfläche des Meisterns genießt man auf 780 Metern Höhe einen herrlichen Blick auf die Schwäbische Alb.

Geschichte pur

Auf unseren Ausgangsort Bad Wildbad sei hier einmal etwas näher eingegangen. Traumhaft schön, eingebettet in eine malerische Landschaft liegt die Stadt im großen Enztal an einem Nebenfluss des Neckars zwischen der

nördlich gelegenen Goldstadt Pforzheim und dem südlichen Freudenstadt. Die Kurstadt, zum Landkreis

Calw gehörend, hieß bis 1990 Wildbad im Schwarzwald und gehört zur Region Nordschwarzwald. Bad Wildbad besteht heute aus den ehemaligen Gemeinden Aichelberg, Calmbach und Wildbad.

Bereits 1345 wird Wiltbade erstmals urkundlich erwähnt und schon während des 15. Jahrhunderts erscheint es als bedeutender Badeort für viele Adlige und hochgestellte Gäste. Durch Förderung der Grafen, Herzöge und Könige von Württemberg nahm Wildbad in den folgenden Jahrhunderten einen stürmischen Aufschwung: moderne Badegebäude, das Herzogliche Palais, die Kuranlagen sowie unzählige Hotels und Gasthäuser entstanden.

Prominente Thermalbäder

Der Kurort gehört heute zum Naturpark Schwarzwald Mitte/Nord und ist berühmt für seine heilende Kraft aus Luft und Wasser. Neben den Thermalbädern wie dem Palais Thermal und dem König-Karls-Bad (heute Forum und Haus des Gastes) zeugen noch heute zahlreiche Bauwerke von der Kurhistorie einer großen Vergangenheit.

Insbesondere die Katholische Kirche St. Bonifatius, die Evangelische

Palais Thermal: weit über die Grenzen bekannt.

Hoch hinaus geht es mit der Sommerbergbahn.

Stadtkirche, die Englische Kirche, das Königliche Kurtheater, der Maurische Pavillon und die Gartenhalle im Jugendstil sind dabei zu erwähnen. Zu den städtebaulichen Zeugnissen der Moderne zählen dagegen die Neue Trinkhalle sowie die Vital Therme.

Paraglider ermöglichen sich über Bad Wildbad ihren Traum vom Fliegen.

Darüber hinaus gibt es ein Heimatmuseum sowie den Baumwipfelpfad und die Wild Line Hängebrücke.

Dies übt auf Gäste bis heute eine starke Anziehungskraft aus. Bad Wildbad steht heute für Baden und Saunieren, Bummeln und Spazieren, Kutschfahrten, Wandern, Rodeln. Die Stadt ist bei Familien genauso wie bei Abenteuereren, Kulturbegeisterten, Jung und Alt beliebt. Hier treffen Tradition, Moderne und Natur in einzigartiger Weise aufeinander.

Kultur und Natur

Jedes Jahr im Juni und Juli organisiert die Kurstadt außerdem die Aufführungen des Opern- und Musikfestivals „Rossini in Bad Wildbad" (Belcanto Opera Festival). Dieses widmet sich Werk und Epoche Gioachino Rossinis, der 1856 als Kurgast in Wildbad weilte. Im Sommer findet ebenfalls die Enzanlagenbeleuchtung mit Brillantfeuerwerk sowie der iXS German Downhill Cup statt. Winterzauber im Kurpark sowie das traditionelle Fassdaubenrennen auf dem Sommer-

Dichte Wälder säumen die Straßen um Hofstett.

Die Hofstetter Kühe wollen auch besucht werden.

berg sind Höhepunkte der kalten Jahreszeit.

Die rund um den Kurort liegende Berg- und Tallandschaft bietet erholsame Wandermöglichkeiten über die dicht bewaldeten Bad Wildbader Höhenzüge des Sommerbergs und Meisterns. Ebenso sind alle von hier aus zu erlebenden Ausflüge in die beliebten Nachbarregionen Highlights eines jeden Schwarzwaldaufenthalts mit neuen und attraktiven Erlebniswerten.

Unser Weg aus Bad Wildbad heraus führt uns zunächst Richtung Hofstett und somit über die Enz-Nagold-Platte, die ihren Namen von den beiden – sie begrenzenden – Flüssen Enz und Nagold hat. Dabei verläuft die Enz am nordwestlichen und die Nagold am östlichen sowie südlichen Rand.

Entlang dem Köllbächle

Im zu Neuweiler gehörigen Hofstett jagte einst der Württembergische Herzog, weshalb es hier von 1715 bis 1768 ein Jagdschloss gab. Dieses existiert allerings heute nicht mehr. Seine Balken wurden schon vor langer Zeit im örtlichen Pfarrhaus verbaut. Über diese und und die anderen spannenden

Zeiten bis in die Gegenwart hinein informiert die Ausstellung im örtlichen Heimatmuseum.

Der Hohe Mantel

Wir machen Halt am See in Berneck – von hier hat man den besten Blick auf die Burg, die heute ein Museum beherbergt, und die das Örtchen dominierende Schildmauer, den so genannten Hohen Mantel. Entlang des Köllbachs geht es hinunter, bis dieses Bächlein in die Nagold fließt.

Hangseitig dominiert die prächtige Fachwerk-Kulisse Altensteigs die ganze Ortsdurchfahrt. Nun heißt es erstmal ein paar Kilometer machen. Bei rauschender Fahrt lassen wir es in Richtung Süden geradezu fliegen. Von Haiterbach geht es über Talheim weitet nach Horb. Und da ist er schon wieder – der Gedanke an den schönen Reim zu Horb: „Kommst du nach Horb, bist du Hahn im Korb".

Kurvenspaß auf dem Weg nach Glatt.

Wahrlich ein Ohrwurm, der heute aber mehr denn je unterlegt ist von Fakten, die sich sehen lassen können.

EXTRA-TIPP

Der **PFALZGRAF** in Pfalzgrafenweiler ist ein überaus populärer Konditor. In dem neu erbauten Werk bietet sich eine Einkehr beziehungsweise ein Besuch des Werksverkaufs an. **www.pfalzgraf.de**

Als heutige Hochschulstadt – Duale Hochschule Baden-Württemberg – und größte Gemeinde des Freudenstädter Landkreises, ist Horb seit Anfang der 1980er Jahre große Kreisstadt und damit zugleich ein Mittelzentrum in der Region Nordschwarzwald.

Die Altstadt, geprägt von Fachwerkhäusern und schmalen Gassen, lässt die heutige Wirtschaftskraft die-

Die pittoreske Altstadt von Berneck gehört heute zu Altensteig.

Hoch über Berneck thront die gleichnamige Burg.

Glatt kann mit einem schönen Wasserschloss (oben) und idyllischer Altstadt (unten) überzeugen.

ses lieblichen Ortes nicht annähernd vermuten. Denn das zur Gemarkung Horb gehörende außergewöhnlich große Flächenangebot zahlt sich heute ebenso gut aus wie die geostrategisch optimale Lage, direkt an der Bodenseeautobahn – oder wie wir sie nennen „Spätzlehighway". Hinzu kommt die Nähe zur Schwabenmetropole mit ihrer großen Automobilindustrie.

Auf verwinkeltem Wege erreicht man über Haiterbach und Horb

das Wasserschloss in Glatt. Hier, im Schlosscafé mit großer Garten-Terrasse, passt alles: Lage, Kunst und Kultur gepaart mit der Auswahl von leckerem Kuchen. Der Verkaufsschlager ist eine übergroße originale Schwarzwälder Kirschtorte..

Nach den Serpentinen von Dettingen schlängelt sich der Weg durchs Dießener Tal und über Schopfloch vorbei an den Fischer-Werken, die Dübel herstellen, bis zur sehenswerten „Mönchhof-Sägemühle" im Waldachtal. Nur knapp 150 Meter Luftlinie von dieser entfernt, thront die Fachklinik Sonnenhof.

An der Nagoldt-Talsperre

Höchst spannend geht es auf den nächsten Kilometern abseits jeglichen Verkehrs weiter. Doch der nächste Halt ist nicht weit. Ein Stopp beim Seeheiner an der Nagoldtalsperre ist für die meisten Motorradfahrer im Schwarzwald obligatorisch. Als gemütlicher Gasthof existiert dieser weithin bekannten Biker-Treff bereits seit Mitte der 1990er-Jahre.

Das wunderschöne Gasthaus befindet sich in einmaliger, exponierter Lage, direkt an der Seemitte des Nagoldtal-Stausees. Dieser gehört zum Ortsteil von Seewald im Landkreis Freudenstadt.

Weiter geht es in Richtung Norden, über das Poppeltal, in das Heidelbeerdorf Enzklösterle. Die schmackhafte blaue Frucht wächst hier, dank

Halt am Bikertreff Seeheiner Seewald.

des guten Nährbodens in den Tannenwäldern, sehr zahlreich. In früheren Zeiten sorgte sie sogar für den Lebensunterhalt ganzer Familien. Noch immer findet der Heidelbeere zu Ehren alljährlich ein gleichnamiges Fest statt.

Neben dem Pflücken und Verkauf von Heidelbeeren, gab es noch ein zweites starkes Gewerk: Die Flößerei. Flößer brachten das abgebaute Holz die Große Enz hinab in andere Orte. Die Wanderung „Jockeles Flößerweg" lässt Gäste auf ihren Spuren wandeln. Direkt im Ortszentrum befindet sich der Kurpark der mit zahlreichen Sitzgelegenheiten und Liegestühlen zu einer kleinen Pause einlädt. Der Torbogen des einstigen Klosters (daher „EnzKlösterle") ist heute der Eingang zum Landgasthof Krone.

Uns zieht es jetzt aber wirklich wieder weiter. Die Tour ist zwar eine unserer Kürzesten, aber trotzdem freuen sich alle, bald wieder im in Bad Wildbad anzukommen. ◂

Üppiger Blumenschmuck am Kurpark von Bad Wildbad .

INFOS ZUR TOUR

CHARAKTERISTIK

Entgegen dem Flussverlauf der Enz geht es zunächst südlich schwungvoll hoch auf die Enz-Nagold-Platte mit Sicht rüber zur östlich gelegenen Schwäbischen Alb. Weiter talabwärts bleiben die großen Metropolen, wie Stuttgart und Tübingen, östlich liegen. Am Rande des flach gelegeneren Hecken- und Schlehengäus nähert man sich dem Ziel einer kurzweiligen klassischen Kaffeefahrt mit der berühmten Schwarzwälder Kirschtorte. Vom Wasserschloss in Glatt geht es im jetzt immer mehr bewaldeten westlichen Teil über das schöne Dießener und Waldachtal kurvenreich zurück nach Bad Wildbad.

ÜBERNACHTUNG

Gasthof Pension Ochsen

Dieser Gasthof steht für gut bürgerliche und anspruchsvolle Küche. Spezialität des Hauses: Obstbrände aus eigener Herstellung.

www.ochsen-zwerenberg.de

GPS 48.63393, 8.58922

Hotel-Gasthof Waldgericht

Gute Küche in einem der ältesten Gasthäuser des Nordschwarzwaldes. Direkt an der B28.

www.waldgericht.de

GPS 48.46916, 8.47696

Landgasthof Tannenhof

Eingebettet zwischen Wiesen und Wäldern ist das Haus eine Oase der Ruhe und verkörpert noch ein Stück heile Welt im Schwarzwald.

www.tannenhof-seewald.de

GPS 48.59940, 8.44740

KOMBINATIONSMÖGLICHKEITEN

Diese Tour kann gut mit der Tour 3 kombiniert werden. Hierzu fährt man von Glatt in südwestliche Richtung über Dornhan und Schiltach nach Wolfach. Wer noch mehr Kilometer machen möchte, kann zusätzlich noch den Schlenker von Schiltach über St. Roman einbauen. Von Wolfach aus genießt man dann ordentliche Kurven.

Auf dem Pfad **der Flößer**

Diese Tour durch den mittleren Schwarzwald führt weitestgehend am südlichen Rand des Nordschwarzwaldes entlang. Es geht durch bekannten Orte wie Bad Peterstal-Griesbach und Freudenstadt sowie eine ganze Zeit lang entlang der Kinzig. Mit einer Fahrtzeit von etwa vier Stunden bleibt genügend Zeit, die Sehenswürdigkeiten der Region ausgiebig zu genießen. Dennoch kommen auch hier die fahrerischen Spaßfaktoren nicht zu kurz.

Das altehrwürdige Kloster in Alpirsbach.

ACHERN
Sasbach
Ottersweier
Lauf
RENCHEN
Kappelrodeck
Appenweier
OBERKIRCH
Ottenhöfen i.Schw.
OFFENBURG
OPPENAU
Ortenberg
GENGENBACH
Biberach
Steinach
HASLACH im Kinzigtal
HAUSACH
WOLFACH
SCHILTACH
Oberwolfach
Bad Peterstal-Griesbach
Bad Rippoldsau-Schapbach
Alexanderschanze
Kniebis
Baiersbronn
Klosterreichenbach
Forbach
Nationalpark Schwarzwald
Mummelsee
DORNSTETTEN
Loßburg
ALPIRSBACH
DORNHAN
SULZ a.Neckar
Waldachtal
ALTENSTEIG
Pfalzgrafenweiler
Fluorn-Winzeln
OBERNDORF am Neckar
Aichhalden
SCHRAMBERG
Dunningen
HORNBERG
Gutach
TRIBERG i.Schwarzw.
Schonach i.Schwarzw.
ST. GEORGEN
Tennenbronn
Königsfeld im Schw.
ELZACH
FURTWANGEN i.Schwarzwald
Simonswald
Mönchweiler
Niedereschach
Zimmern ob Rottweil
Villingendorf
Epfendorf
Bösingen
Dauchingen
Unterkirnach
Schwarzwälder Trachtenmuseum
Freilichtmuseum Vogtsbauernhof
Weltgrößte Kuckucksuhr
Triberger Wasserfall
Ehem. Kloster Alpirsbach
Wolf- und Bärenpark
Glaswaldsee
Dorotheenhütte
Burg Hornberg
Winkelkirche Freudenstadt
Schloss Glatt
Schwarzwald
Kinzig

TOUREN-STECKBRIEF

BASISORT

Vorderlehengericht/Schiltach (48.29274, 8.30776)

STRECKENLÄNGE

ca. 167 km

DAUER DER TOUR

4 Stunden

ROADBOOK

Schiltach, Schenkenzell, Reinerzau, Alpirsbach, Loßburg, Sterneck, Dornhan, Bettenhausen, Dürenmettstetten, Leinstetten, Neuneck, Glatten, Freudenstadt, Bad Rippoldsau-Schapbach, Kniebis, Bad Peterstal-Griesbach, Nordrach, Zell am Harmersbach, Haslach, Hausach, Wolfach, Schiltach

HIGHLIGHTS

Wie jede Tour dieses Buches, ist auch diese gespickt mit zahlreichen Highlights. Die für den Schwarzwald typischen Städte und Städtchen, die zahlreichen Museen und Besonderheiten wie die Glasbläserhütte in Wolfach (48.29006, 8.21400) oder die Geschichte der Vogtstocher Magdalene haben großen Eindruck bei uns hinterlassen. Besonders bewegt hat uns dieses Mal aber etwas, das gar nichts mit Motorradfahren und schönen Aussichten zu tun hat: Das Gedenken an die Opfer des Zweiten Weltkrieges in Haslach (48.26426, 8.11091).

Nachdem wir beiden Nordschwarzwälder, mein Bruder Franz und ich Werner, im vergangenen Jahr mehrere Touren durch den Nord- und den Südschwarzwald gefahren sind, haben wir uns dieses Jahr an den mittleren Schwarzwald gemacht. Doch wir fangen sanft an.

Nach einem ausgiebigen Frühstück im Gasthof zum Pflug in Schiltach schwingen wir uns auf unsere Motorräder, und machen uns auf den Weg zu dem nur fünf Kilometer entfernten Ortskern.

Wir waren der Empfehlung unseres Freundes und häufigen Tourbegleiters Peter Zander gefolgt. Ausgerechnet er, der Kölner, der immer noch in der rheinischen Metropole lebt, ist dort schon mehrfach gewesen. Zumindest viel öfter als wir beiden Schwarzwälder.

Malerische Kulisse

Schiltach hat er uns immer folgendermaßen beschrieben: Kunstvoll renovierte Fachwerkhäuser, ein Rathaus aus dem 16. Jahrhundert und ein jahrhundertealter Brunnen umsäumen den von dem berühmten Renaissance-Baumeister Heinrich Schickhardt neu konzipierten Marktplatz mit dem Rathaus und die romantischen Gässchen von Schiltach.

Bei unserem Besuch stellen wir fest, wie recht er hat: Kunsthandwerk-, Floh- und Bauernmärkte sind Pub-

Fachwerkensemble im Städtchen Schiltach.

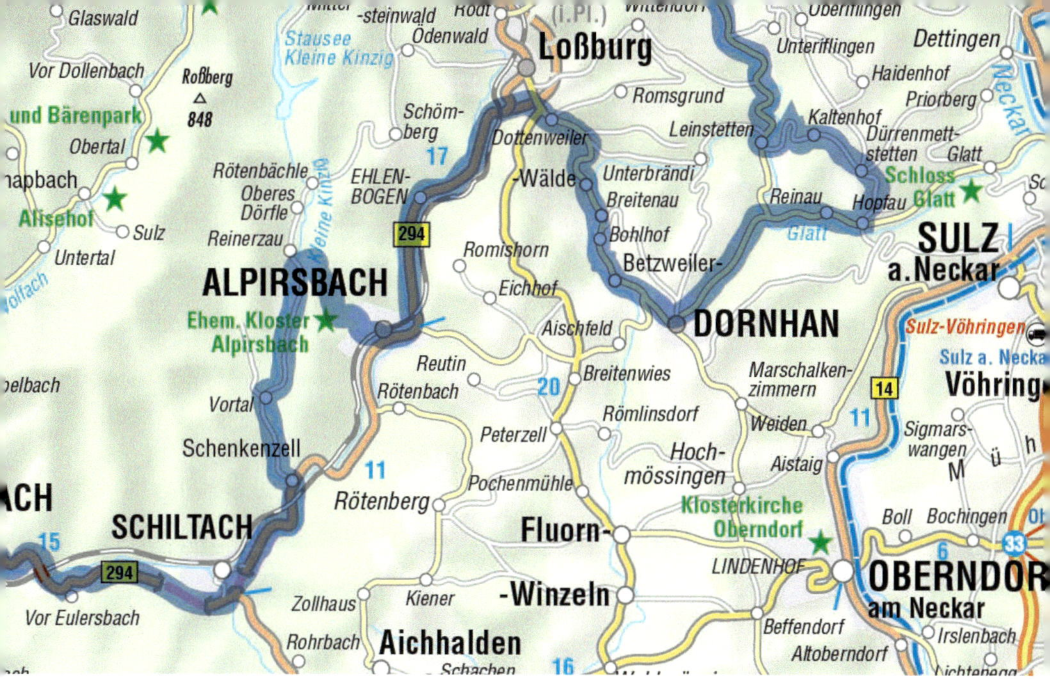

likumsmagneten für Besucher von Nah und Fern. Gemütliche Cafés und Gaststätten laden in dieser malerischen Kulisse wahrlich zu einer Pause mit Schwarzwälder Spezialitäten ein.

Für uns geht es aber bald weiter. Wir folgen der Kinzig in Richtung Schenkenzell. Dort wartet eine der ältesten Burgen des Kinzigtals auf uns – zumindest Teile von ihr.

Bis nach Holland

Die Schenkenburg besteht heute leider nur noch als Ruine, seit sie im Jahr 1534 von Graf Wilhelm von Fürstenberg niedergebrannt wurde. Wir überlegen uns, kurz zu ihr hinauf zu fahren. Letztendlich entscheiden wir uns aber dann doch dagegen.

Eine kleine Zwischenfrage: Wusstet Ihr, dass Amsterdam zum größten Teil auf Holz aus dem Schwarzwald errichtet worden ist? Warum ich das frage? Ganz einfach. Das Holz wurde auf Flößen von hier bis nach Holland weiter transportiert. Natürlich war Schenkenzell nicht der einzige Ort, aus dem Holz die Kinzig hinab geliefert wurde.

Sowohl Wolfach als auch Schiltach waren ebenfalls wichtige Flößer-Standorte. Auch das Delfter Blau – die berühmten Töpferwaren aus der gleichnamigen Stadt in den Nie-

Von der Schenkenburg ist nur noch eine Ruine übrig.

EXTRA-TIPP

Von Freudenstadt in Richtung Kniebis geht es auf der B28 kurz nach dem Ortsschild rechts ins Christophstal. Über Kopfsteinpflaster entdeckt man gleich links in der Talstraße 81 den **GASTHOF ZUM BAD**. Zunächst sicher etwas befremdend, geht man über eine Treppe ins erste Obergeschoss, meinend in eine Wohnung zu kommen. Letztendlich findet man sich aber in einer Gaststube wieder, deren Angebote in Sachen Geschmack ihresgleichen suchen. **www.gasthof-zum-bad.eu**

derlanden – hat in Schenkenzell seinen Ursprung. Das im Ortsteil Kaltbrunn gewonnene Kobalt wurde für ihre Herstellung verwendet.

Vom oberen Ende des mittleren Schwarzwaldes geht es jetzt wieder ans südliche Ende des Nordschwarzwaldes nach Alpirsbach. Sehr beeindruckend zeigt sich dort das Alpirsbacher Kloster, an dem wir allerdings nur vorbeifahren. Im Sommer finden hier die Kreuzgangkonzerte statt. Gegenüber dem Kloster befindet sich die städtische Brauerei. Hier wird das gleichnamige Bier gebraut. Die Braue-

Mitten in Alpirsbach befindet sich die gleichnamige Brauerei.

rei verfügt über ein eigenes Museum. Die Tatsache, dass dieses Bier bevorzugt im Schwarzwald reißenden Absatz findet, soll hier nicht verheimlicht werden.

Zu viele Stufen

In Loßburg verzichten wir auf den Aufstieg auf die Plattform des Vogteiturms. Zum einen scheuen wir die 172 Stufen, die einen hinauf führen und zum anderen knurrt uns allmählich der Magen. Daher versuchen wir stattdessen etwas zu essen zu finden.

Wir parken unsere Motorräder auf dem großzügigen Parkplatz des Zieglers Backloft. Nach einem ausgiebigen Snack geht es gut gesättigt weiter nach Leinstetten.

Schon weithin sichtbar grüßt uns hier die Marienkirche. Aber auch die St. Stephanus-Kirche ist immer einen Besuch wert. Das ebenfalls sehenswerte Schloss ist seit 1847 im Besitz der Freiherren von Podewils.

Über Dornhan erreichen wir Dürenmettstetten, den höchstgelegenen Stadtteil von Sulz am Neckar. Auch hier gibt es einen Aussichtsturm. Schon am östlichen Rande des Schwarzwaldes gelegen, eröffnet sich ein herrlicher Blick auf die Schwäbi-

Mittagspause in Loßburg, denn der Magen knurrt.

sche Alb. Da wir auf den Aufstieg auf den Vogteiturm verzichtet haben, nehmen wir uns nun diesen Aussichtsturm vor und erklimmen ihn – trotz unserer Motorradkleidung – recht schnell.

Nun ist es an der Zeit die Räder etwas fliegen zu lassen. Es geht über Serpentinen und schöne Kurvenstraßen. Ein echter Genuss für Motorradfahrer. Es geht in Richtung Neuneck und Glatten. So erreichen wir Freudenstadt. Auf einen ausgiebigen Halt verzichten wir. Spannend geht es auf der B28 hoch über den Kniebis und der nachfolgenden kurvigen Abfahrt wieder hinunter nach Bad Rippoldsau-Schapbach.

Freudenstadt ist einen kleinen Bummel wert.

Von Bären und Wölfen

Gemeinsam mit Oberwolfach vermarktet dort das Mineral- und Moorbad das Wolftal. Passend dazu gibt es seit 2010 einen alternativen Wolf- und Bärenpark. Hier leben auf zehn Hektar neun Bären und drei Wölfe.

Folgendes steht heute nicht auf dem Tagesplan, ist aber ein absoluter Tipp: Nach dem Ortsteil Bad Griesbach rechts hoch einen Abstecher auf die Renchtalhütte, welche vom Relais & Châteaux Hotel Dollenberg betrieben wird. Das Haus lohnt immer.

Geboten wird ein prima Angebot von der rustikalen Brotzeit über regionale Gerichte bis hin zur leckeren Kuchenauswahl. Motorradfahrer sind

Immer wieder führt die Route durch dichte Wälder.

dort im übrigen gern gesehene Gäste. Als Schmankerl obendrauf genießt man von der großzügigen Terrasse aus einen wunderschöner Blick auf den Dollenberg.

Es geht für uns kurvenreich und spannend weiter: hinauf auf die Löcherwasenstraße. Mit ihr handelt es sich um eine Strecke, die in ihrer herausfordernden Beschaffenheit nicht typischer für den Schwarzwald sein könnte.

Vielfältiges Nordrach

Am Ortseingang von Nordrach angekommen, fällt uns gleich der Turm der Pfarrkirche St. Ulrich ins Auge. Ganze 63 Meter ist er hoch. Die Gemeinde hat aber noch mehr zu bieten, als nur dieses Wahrzeichen. Da wären zum Beispiel das Puppen- und Spielzeugmuseum, der Heil-Kräuter-Garten oder der historische Kohlenmeiler, ein ehemaliger Teer- oder Salveofen. Direkt neben dem Heil-Kräuter-Garten befindet sich die Maile-Gießler-Mühle, eine kleine funktionsfähige Getreidemühle.

Erfrischungspause an der Ausflugs-Gaststätte Vogt auf Mühlenstein.

Da wir in Bad Peterstal-Griesbach keinen Stopp eingelegt haben, halten wir nun am Mühlenstein und kehren in der einzigartig gelegenen Ausflugs-Gaststätte Vogt auf Mühlenstein ein. Hier, auf dem ehemaligen Vogtshof, lebte einst eine sehr berühmte Tochter, die es sogar in die deutsche Literatur geschafft hat: Die Rede ist von Magdalene aus dem Roman „Der Vogt auf Mühlstein" von Heinrich Hansjakob.

Kunstvolle Details sind allerorten zu finden.

Die junge Vogtstochter wurde gegen ihren Willen von ihrem Vater mit einem verwitweten Bauern verheiratet, obwohl sie – natürlich – einen anderen liebte. Nur zwei Monate nach der Hochzeit verstarb sie. Ihr Grab befindet sich auch nach über 200 Jahre noch auf dem Zeller Friedhof. Genau dorthin lenken wir auch unsere Motorräder: nach Zell am Harmersbach.

Von Hahn und Henne

Wenn ich Zell am Harmersbach höre, fällt mir gleich das Motiv „Hahn und Henne" der berühmten Zeller Keramik ein. Seit über 200 Jahren steht die Zeller Keramik für hochwertige Qualitätsarbeit. 2007 wurde von der Manufaktur ein Museum eröffnet. Ein Besuch lohnt immer.

Bei der Durchfahrt durch die Stadt beeindrucken rechts und links der Hauptstraße die ansehnlichen Bauten aus dem Jugendstil und dem Klassizismus. Apropos Durchfahrt: Hier muss man schon hinwollen, denn normalerweise gehört Zell am Harmersbach nicht zu den klassischen Durchfahrtsorten.

Umso mehr werden dieser Ort und seine Umgebung zu einem wahren Kleinod in den Bergen – und das nicht nur für Motorradfahrer. Im Anschluss geht es spannend weiter, in südliche Richtung und bergab ins Kinzigtal nach Haslach.

Verpflichtende Erinnerung

In dieser idyllischen – für den Schwarzwald sehr typischen – Kleinstadt nimmt das Erinnern an die Schrecken des Zweiten Weltkrieges einen großen Raum ein. So befinden sich hier sechs Plätze, beginnend am Bahnhof und endend an der Gedenkstätte Vulkan, die gemeinsam den „Weg des Erinnerns" bilden. Sie zeigen den damaligen Weg der Zwangsarbeiter durch die Stadt auf.

Aus Haslach stammt übrigens auch der Autor Heinrich Hansjakob. Jener hatte einst die Geschichte der traurigen Magdalene niedergeschrieben. Ihm und seinen Werken widmet sich das Museum Feihof in dessen ehemaligen Alterswohnsitz.

Von Haslach kommend, sehen wir schon von weitem die Ruine der Burg Husen. Dies ist wenig verwunderlich, thront sie doch oberhalb der Stadt Hausach. Hier beginnt einer der wohl schönsten Abschnitte der Schwarzwaldbahn. Wer die große Bahn verpasst hat, kann sich die deutlich kleinere Modell-Bahn ansehen. Direkt gegenüber dem Bahnhof befindet sich eine Ausstellung, in der die Besucher nicht nur die Bahn selbst, sondern auch die gesamte Strecke und insbesondere deren Verlauf aus der Vogelperspektive betrachten können.

Wir allerdings haben Glück und sehen das große Original bei der Abfahrt aus dem Bahnhof. Passend dazu folgen wir der so bezeichneten Eisenbahnstraße Richtung Wolfach.

Flößer und Glasbläser

Wieder entlang der Kinzig, erreichen wir einen der am Flussverlauf wohl bekanntesten Orte des Schwarzwaldes: Wolfach. 700 Jahre lang war das Handwerk der Flößerei hier – ebenso wie im Enztal, wie schon bei unserer „Schwarzwälder Nordtour" erwähnt – eine wichtige Einnahmequelle. Bis zu 200 Baumstämme transportierten die

Dürenmettstetten ist der höchstgelegenen Stadtteil von Sulz am Neckar.

erfahrenen Männer pro Fahrt die Kinzig hinab.

1895 machte sich das letzte Floß von Wolfach auf den Weg den Fluss hinunter. Ein 32 Kilometer langer „Flößerpfad" von Loßburg nach Wolfach mit Rätsel-Caches und Audioguides lässt dieses längst vergessene Gewerk wieder aufleben.

Wir machen Halt an der Dorotheenhütte, der letzten noch betriebenen Mundblashütte im gesamten Schwarzwald, und schauen den Glasbläsern bei ihrer Arbeit zu. Auch einen Blick in das Glasmuseum lassen wir uns nicht entgehen. Danach ist es erstmal Zeit für einen Kaffee im angeschlossenen Café & Restaurant Hüttenklause.

Wolfach steht bei Motorradfahrern überhaupt hoch im Kurs: Schon seit über 20 Jahren findet hier, immer in der Fronleichnams-Woche, das Schwarzwald-Biker-Weekend statt. An diesem Wochenende bietet die Stadt mehr als 70 verschiedene Motorradtouren an – nicht nur durch den Schwarzwald, sondern auch hinein ins Elsass. Wir setzen unseren Weg jedenfalls frischt gestärkt fort. Es geht zurück nach Schiltach. ◀

In Wolfach findet alljährlich ein Biker-Weekend statt.

INFOS ZUR TOUR

CHARAKTERISTIK

Schwarzwaldtypisch bietet diese Rundtour von allem etwas, was die Region des Mittleren Schwarzwaldes zu bieten hat. Bei einem ständigen bergauf und bergab erschließen sich dem anspruchsvollen Motorradfahrer ständig wechselnde Eindrücke von Wäldern, Flüssen und malerischen Ortsdurchfahrten.

PÄSSE DER TOUR

Von Bad Peterstal hoch auf den Kniebis und auf die 970 Meter hohe Passhöhe Alexanderschanze an der B28 (GPS 48.48008, 8.27601).

ÜBERNACHTUNG

Hotel Schützen
Renchtalstr. 21, 77740 Bad Peterstal
Hier kann man den Tag auf der sonnigen Terrasse ausklingen und sich vom Chef persönlich bekochen lassen.
www.bikerhotel.de
GPS 48.42770, 8.20270

Gasthof zum Pflug
Vor Eulersbach 56,
77761 Vorderlehengericht/Schiltach
Kleines Haus mit vorzüglicher Gastlichkeit und exzellenter Küche.
www.gasthof-pflug.de
GPS 48.42770, 8.20270

KOMBINATIONSMÖGLICHKEITEN

Hier finden sich wunderbare Kombinationsmöglichkeiten, weil sich die vorgeschlagene Route gleich zu Beginn mit der Tour „Kienzle und Junghans“ (Tour 7) und am Ende mit der Tour „Von Bollenhut und Kuckucksuhr“ (Tour 6) überschneidet. Auf diese Weise kommen viele tolle Kurvenkilometer zusammen.

Perspektiven der Zukunft

Mit dieser Tour geht es in den westlichen Teil des Schwarzwaldes, der interessante Orte wie Triberg und Furtwangen bietet. Die Topografie ist einmalig: Zwischen 300 und 1000 Metern geht es ständig bergauf und wieder hinab. Außerdem kann manch Neues kennengelernt werden, zum Beispiel wie kaltgepresstes Wallnussöl hergestellt wird.

Schöne Klosterkapelle Tennenbach in Freiamt.

OFFENBURG
Durbach
Ortenberg
Schloss Ortenberg
Ohlsbach
OPPENAU
Bad Peterstal-Griesbach
Schutterwald
Neuried
Hohberg
GENGENBACH
Friesenheim
LAHR (Schwarzwald)
Biberach
Ruine Hohengeroldseck
Seelbach
Ruine Lützelhardt
Steinach
Schwarzwälder Hof
Kippenheim
MAHLBERG
Schuttertal
HASLACH im Kinzigtal
Schwarzwälder Trachtenmuseum
HAUSACH
WOLFACH
Oberwolfach
Gutach
Freilichtmuseum Vogtsbauernhof
Park mit allen Sinnen
HERBOLZHEIM
HORNBERG
Burg Hornberg
Freiamt
ELZACH
Winden im Elztal
Schonach i. Schwarzw.
Weltgrößte Kuckucksuhr
TRIBERG i. Schwarzw.
Triberger Wasserfall
Teningen
EMMENDINGEN
Gutach im Breisgau
Ruine Hochburg
Kollnau
Sexau
WALDKIRCH
Simonswald
Simonswälder Tal
Schönwald i. Schw.
Martinskapelle
Bregquelle (Donau-Ursprung)
Denzlingen
Ruine Schwarzenberg
Kandel
FURTWANGEN i. Schwarzwald
Uhrenmuseum
VÖHRENBACH
Gundelfingen
Glottertal
Steingrubenhof
FREIBURG im Breisgau
St. Peter
St. Märgen
Kloster St. Märgen
Ehem. Kloster St. Peter
Hexenloch
Hexenlochmühle
Stegen
Merzhausen
Schwarzwald

TOUREN-STECKBRIEF

BASISORT
Schuttertal (48.24732, 7.95408)

STRECKENLÄNGE
ca. 210 km

DAUER DER TOUR
5 Stunden

ROADBOOK
Schuttertal, Seelbach, Lahr/Schwarzwald, Gengenbach, Steinach, Hoher Geisberg, Elzach, Gutach (Schwarzwaldbahn), Hornberg, Triberg, Schönwald, Furtwangen, Simonswald, Gutach im Breisgau, Waldkirch, Kandel, Glottertal, Freiamt, Schuttertal

HIGHLIGHTS
Unsere Highlights haben dieses Mal eher weniger mit dem Motorradfahren an sich zu tun. Es sind vor allem die Menschen, die uns begeistert haben. Offen und freundlich. Ob in Simonswald in der Bäckerei und in der Ölmühle oder in Freiamt in Gestalt von Sebastian Wehrle. Die Leute hier haben uns immer bereitwillig Einlass gewährt und an ihrem Schaffen teilhaben lassen.

Auf dem 1243 Meter hohen Kandel liegt lange noch der Schnee.

Den gestrigen Tag haben mein Bruder Franz und ich ruhig angehen lassen und dazu genutzt unser Quartier in Schuttertal zu beziehen. Von hier aus wollen wir heute unsere nächste Schwarzwald-Mitte-Tour starten.

Schuttertal liegt am westlichen Rand dieses Teils des Schwarzwaldes und ist vor allem für die hier stattfindenden Motorcross-Rennen und Holzfällermeisterschaften bekannt. Aber auch den Achat. Dabei handelt es sich um eine Quarzvariation, die als Schmuck- und Heilstein beliebt ist.

Der Schuttertaler Achat gilt unter Experten als Besonderheit. Einige Exemplare zeichnen sich durch einen intensiven, sonst in keiner weiteren Region vorkommenden, Blauton aus.

Runter nach Gengenbach

Wir fahren nördlich aus der Gemeinde heraus, über Seelbach nach Lahr/Schwarzwald, zur B3 Richtung Offenburg und weiter auf die B33 die uns an unser erstes Zwischenziel, Gengenbach, bringt.

Bei einem Rundgang durch die Stadt sind noch Reste der ehemaligen

Stadtbefestigung zu sehen. Der Niggelturm beherbergt heute das Narren- und das Kinzigtor das wehrgeschichtliche Museum.

Da der Tag gerade erst begonnen hat, nehmen wir uns Zeit für diesen kleinen Stadtrundgang. Doch allzu lange möchten wir unsere Fahrt dann doch nicht unterbrechen. Daher schwingen wir uns bald wieder auf unsere Motorräder und fahren weiter in Richtung Süden.

Unspektakulär erreichen wir über Biberach, Steinach und Haslach schließlich Elzach, das sich schon von weitem durch seinen spätgotischen Turm der Pfarrkirche zu erkennen gibt. Für uns geht es dann weiter nach Gutach zur Schwarzwaldbahn.

Die Schwarzwaldbahn verbindet Offenburg und Singen.

Der Zusatz Schwarzwaldbahn mag hier komisch erscheinen, dient aber dazu dieses Gutach von Gutach im Breisgau zu unterscheiden. Und natürlich kommt dieser Beiname nicht von ungefähr.

Die Schwarzwaldbahn verbindet Offenburg und Singen auf einer 149

Der Niggelturm in Gengenbach.

Gengenbach ist eine altehrwürdige Stadt.

GO WITH THE FLOW

EXTRA-TIPP

Auf dem Rückweg, nach der Abfahrt vom Kandel, bietet sich ein kleiner Abstecher zu den Gemeinden **SANKT PETER** und **SANKT MÄRGEN** an. Beide liegen im Naturpark Südschwarzwald, nur unweit voneinander entfernt, und bestechen durch ihre landschaftlich einmalige Schwarzwald-Höhenlage. Hier schwingt man zwischen herrlich anzusehenden Feldern und Wiesen. Beide Orte sind bekannt für ihre markanten Klöster. Für einen Kaffeestopp bietet sich der pittoreske Ortskern von Sankt Märgen (**GPS** 48.008, 8.093) an. Nicht umsonst ist diese Region ein sehr beliebtes Naherholungsgebiet.

Kilometer langen Strecke. Dabei ist der Abschnitt zwischen Hornberg, Triberg und St. Georgen besonders interessant. Die Strecke gilt noch heute, über 120 Jahre nach der Eröffnung, als Meisterleistung der Ingenieurskunst und wird sowohl von der Deutschen Bahn im Linienverkehr als auch für Sonderfahrten mit Nostalgiezügen genutzt.

Die Schwarzwaldbahn wurde in Planung und Ausführung das beispielhafte Meisterstück einer Gebirgsbahn und Vorbild unter anderem für Gotthard-, Albula-, und Berninabahn in der Schweiz, von Bahnen in Peru, den USA und Neuseeland. Die Meisterleistung bestand in der Überwindung des Höhenunterschieds mit Hilfe von Doppelschleifen.

Mit dieser Konstruktion gelang es ohne Spitzkehren, mit 39 Tunnels und einem Viadukt sowie mit einer

Maximalsteigung von 20 Promille die 448 Meter Höhenunterschied zwischen Hornberg und St. Georgen zu überwinden. Die Luftlinie von elf Kilometern wurde auf eine Streckenlänge von 26 Kilometern verlängert. Und natürlich macht sie auch Halt in Gutach.

Heimat des Bollenhuts

Gutach ist außerdem die Heimat des berühmten Bollenhuts, der nur hier und in zwei weiteren Gemeinden getragen wird. Natürlich steigen wir aber nicht in die Schwarzwaldbahn, sondern bleiben auf unseren Motorrädern sitzen und fahren weiter nach Triberg.

Dort angekommen verzichten wir diesmal aber auf einen Besuch der Wasserfälle und der weltgrößten Kuckucksuhr. Stattdessen möchten wir uns den weltgrößten Uhrenträger

Der weltgrößte Uhrenträger steht in Triberg hinter dem Hotel Wehrle.

dieses Mal persönlich ansehen. Bei einem unserer Besuche sind wir zwar schon einmal im Hotel Wehrle gewesen, haben aber seinerzeit noch nichts von seiner Existenz gewusst. Aufgrund seines Standorts hinter dem Haus haben wir ihn leider auch nicht zufällig bemerken können. Aber jetzt!

Ein Stück Heimat

Danach geht es für uns auf direktem Weg nach Furtwangen. Auch hier sind wir nicht zum ersten Mal. Diese Stadt haben wir bereits im Rahmen von verschiedenen Touren erkunden können.

Natürlich war uns auch schon vorher die Hexenlochmühle bestens bekannt. Das Deutsche Uhrenmuseum kennen wir ebenfalls von früheren Besuchen. Daher nehmen wir uns dieses Mal ausgiebig Zeit für die Schaubrennerei Rotenbauernhof.

Auch den Aufstieg auf den Aussichtsturm Brend lassen wir uns trotz kaltem und nieseligen Wetters nicht nehmen. Von hier aus hat man bei gutem Wetter einen traumhaften Blick bis zu unserer Heimat, dem Nordschwarzwald, und den Schweizer Alpen.

Nachdem wir den Aussichtsturm wieder hinabgestiegen sind, fahren wir über herrlich kurvige Straßen durch das Simonswälder Tal, ein etwa 25 Kilometer langes Seitental der Elz. Der obere Abschnitt wird als Wildgutachtal bezeichnet.

Allmählich bekommen wir etwas Hunger. Daher halten wir vor der Bäckerei Weis in Simonswald. Die nette

Das Simonswälder Tal ist ein 25 Kilometer langes Seitental der Elz.

Verkäuferin mit Namen Baumer bemerkt unsere fremden Kennzeichen, hört aber gleichzeitig den heimischen Dialekt. So kommen wir schnell ins Gespräch.

Sie ist es auch, die uns auf die Simonswälder Mühle und den Fotografen Sebastian Wehrle aufmerksam macht, die wir beide im Folgenden auch gleich besuchen werden. Zuerst aber setzten wir uns und trinken unseren Kaffee, bis die sehr moderne Kuckucksuhr an der Wand zur vollen Stunde und somit zum Aufbruch ruft.

Spannende Ölherstellung

Auch wenn uns die modernen Kuckucksuhren sehr faszinieren, führt uns der weitere Weg nicht nach Schonach. Stattdessen machen wir Halt an der Öhlmühle in Simonswald. Vor Ort begegnen wir einem netten älteren Herren, der sich für unsere Motorräder interessiert und uns darauf anspricht.

Und siehe da: Er ist ein ehrenamtlicher Mitarbeiter der Mühle. Obwohl diese momentan gar nicht für Besucher geöffnet ist, führt er uns höchst

In der Ölmühle Simonswald wird wieder Walnussöl wie vor 300 Jahren produziert (oben und unten).

fachkundig herum und zeigt uns wissenswerte Details.

Was hier passiert, beeindruckt uns nachhaltig. Die Mitglieder des Brauchtumsvereins Simonswäldertal stellen hier nämlich kostbares, kaltgepresstes Wallnussöl her – und das wie vor 300 Jahren. Dabei wird besonders darauf geachtet, dass nur die erlesensten Nüsse aus einer Ernte ausgewählt werden. Übrigens betreibt der Brauchtumsverein neben der Ölmühle auch noch das Dorfmuseum Jockenhof mit etwa 2500 Exponaten.

Wir bedanken uns sehr herzlich für die tolle Führung, wünschen alles Gute und setzen unseren Weg fort ins andere Gutach – dem im Breisgau.

Das kostbare Nussöl wird kalt gepresst.

Den Kandel hinauf

Ein wahrer Augenschmaus bei der Fahrt durch Gutach im Breisgau sind die an der Elz gelegenen Villen. Nach kurzer Weiterfahrt erreichen wir Waldkirch und fahren auf den Kandel mit 1243 Meter Höhe. Die Fahrt hinauf macht uns trotz des extrem schlechten Straßenzustands viel Spaß, weil das Fahrvergnügen durch die Ser-

pentinen die absolut löchrige Straße mehr als entschädigt.

Nach der Abfahrt auf der südlichen Seite des Kandels durchqueren wir auch das Glottertal mit einer kurzen Stippvisite in der ehemaligen Schwarzwaldklinik, die heute übrigens als Krankenhaus für Psychosomatik der Öffentlichkeit nicht mehr zugänglich ist.

Blick auf die Rheinebene

Wir erreichen Freiamt und dessen Hausberg: den Hünersedel. Dort befindet sich der Hühnersedelturm. Ein Aussichtsturm von dem aus man einen tollen Blick unter anderem auf die Rheinebene hat.

Doch dieser interessiert uns im Moment nicht so sehr, wir möchten zum Fotografen und Künstler Sebastian Wehrle, um ihn zu treffen und seine Arbeiten zu bestaunen. Wir klingeln ganz unbedarft und tatsächlich öffnet er uns persönlich die Türe. Nachdem wir ihm unser Anliegen kurz vorgetragen haben bittet er uns schlicht und sehr spontan wie alte Bekannte herein. Auf seiner Terrasse gibt es außerdem Cappuccino und Brötchen.

Der gebürtige Waldkirchner und gelernte Kachelofenbaumeister entschloss sich schon vor einigen Jahren seinen Jugendtraum zu erfüllen und

Geschafft: Die Fahrt hinauf zum Kandel.

Der Künstler Sebastian Wehrle links im Bild neben Autor Werner Kirchhoff.

als Fotograf Fuß zu fassen. Das ist ihm inzwischen sicher mehr als nur gut gelungen. In seinem Flur hängen seine wohl berühmtesten Kunstwerke. In seiner Reihe „Facing Tradition" inszeniert er traditionelle Schwarzwaldtrachten, aus den unterschiedlichsten Regionen" ganz modern, anders und ausdrucksstark.

Freimütig führt er uns in sein Reich und erläutert uns den Entstehungsprozess seiner Werke. Außerdem lässt er uns von sich, seinen Kunstwerken und Requisiten, wie insbesondere der gerade vor Kurzem von ihm erstandenen Hochzeitskrone, Fotos machen.

Zum Abschied begleitet er uns zu unseren Motorrädern, die offensichtlich seinen Gefallen finden. Sein Interesse an der Freiheit des Fahrens wird dabei erkennbar. Entsprechend erhalten wir von ihm auch gleich noch einen Motorrad-Tipp: Wir sollen einen Stopp am Ortsausgang von Freiamt beim Bikertreff Hintere Höfe machen. Gesagt, getan.

Tatsächlich machen wir am empfohlenen Treff kurz Halt, fahren dann aber weiter zum Abendessen zurück ins unser Gasthaus im Schuttertal. ◂

Die ehemalige Schwazwald-klinik ist heute für Fans nicht mehr zugänglich.

INFOS ZUR TOUR

CHARAKTERISTIK

Aus den Höhen des Schwarzwaldes von Schuttertal kommend, zeigt die kurze Durchfahrt der Rheinischen Tiefebene bei Lahr die klimatischen Gegensätze dieser Südwest-Region am deutlichsten auf. Vom nördlichen Gengenbach über Biberach, Gutach und Triberg bis ins südlich gelegene Furtwangen zeigen sich dann die Schwarzwaldklischees vom Bollenhut bis zur Kuckucksuhr hintereinander weg. Die Tour gipfelt im wahrsten Sinne des Wortes in der grandiosen Passüberwindung vom Simonswäldertal über den Kandel ins Glottertal. Die Abschlussetappe übers Freiamt wird mit ihrem Ende im Schuttertal zum Höhepunkt.

PÄSSE DER TOUR

Kandel Pass (1243 Meter)

ÜBERNACHTUNG

Gasthaus Schutterblick

Talstr. 27, 77978 Schuttertal

Mit speziellen Bikermenüs werden Biker hier willkommen geheißen. Der Wirt ist selbst leidenschaftlicher Motorradfahrer.

www.schutterblick.de

GPS 48.27081, 7.95532

Gästehaus Eckenfels

Dorfstraße 14, 77797 Ohlsbach

Zur Entspannung kann man sich hier auf die große Freizeitterrasse mit Grillmöglichkeit zurückziehen.

www.haus-eckenfels.de

GPS 48.43261, 7.99706

Hotel Hirschen

Rathausweg 2, 79286 Glottertal

Nach der Tour bietet es sich an, sich in dem hauseigenen Wellnessbereich verwöhnen zu lassen.

www.hirschen-glottertal.de

GPS 48.04924, 7.94040

KOMBINATIONSMÖGLICHKEITEN

Schon bald nach Tourenbeginn gibt es bei Biberach eine Überschneidung mit der Tour 5. Entsprechend bietet es sich an, beliebig viel daraus mit einzubauen. Auf dem Rückweg kann man ein Teil des Weinanbaugebiets des Kaiserstuhls integrieren. Bestenfalls fährt man hierfür ab Denzlingen in Richtung Rhein über Eichstetten sowie Bahlingen und anschließend wieder zurück auf die Tour über Riegel nach Freiamt.

Cafe

Wo die Uhren **zuhause sind**

Obereschach zeigt sich als ein idealer Ausgangspunkt zwischen dem Schwarzwald-Baar-Kreis und dem Mittleren Schwarzwald. Mit dem Blick im Osten noch auf die Schwäbische Alb, geht es nach Oberndorf und zu den für den Mittleren Schwarzwald namhaften und für die Uhrenindustrie stehenden Ortschaften wie Schramberg, Hornberg und St. Georgen. „Metropolen" wie Villingen-Schwenningen und Rottweil werden zum Glanzpunkt. Wie immer im Schwarzwald kommt auch hier der Fahrspaß nicht zu kurz.

Der Marktplatz von Rottweil.

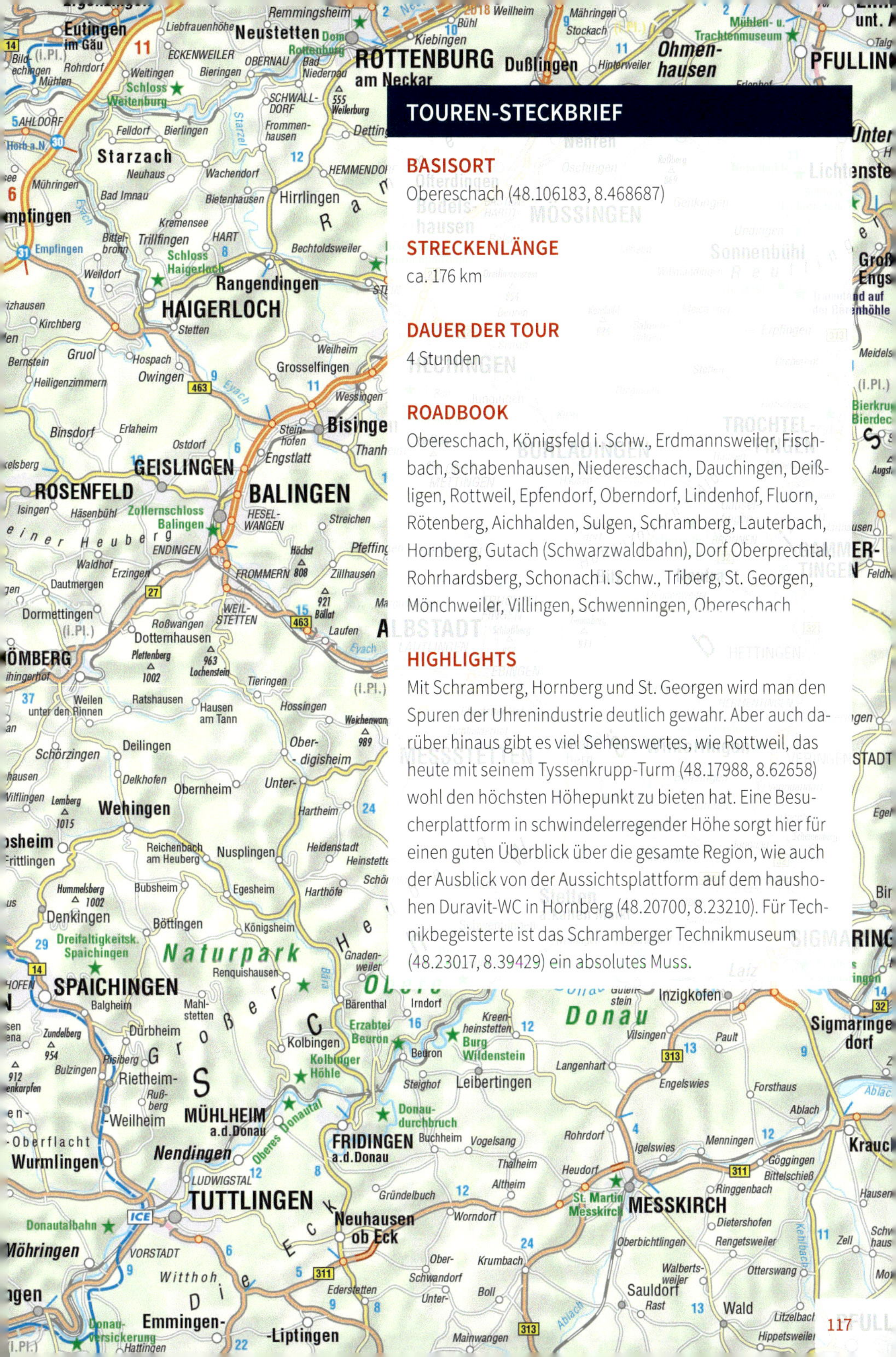

TOUREN-STECKBRIEF

BASISORT

Obereschach (48.106183, 8.468687)

STRECKENLÄNGE

ca. 176 km

DAUER DER TOUR

4 Stunden

ROADBOOK

Obereschach, Königsfeld i. Schw., Erdmannsweiler, Fischbach, Schabenhausen, Niedereschach, Dauchingen, Deißligen, Rottweil, Epfendorf, Oberndorf, Lindenhof, Fluorn, Rötenberg, Aichhalden, Sulgen, Schramberg, Lauterbach, Hornberg, Gutach (Schwarzwaldbahn), Dorf Oberprechtal, Rohrhardsberg, Schonach i. Schw., Triberg, St. Georgen, Mönchweiler, Villingen, Schwenningen, Obereschach

HIGHLIGHTS

Mit Schramberg, Hornberg und St. Georgen wird man den Spuren der Uhrenindustrie deutlich gewahr. Aber auch darüber hinaus gibt es viel Sehenswertes, wie Rottweil, das heute mit seinem Tyssenkrupp-Turm (48.17988, 8.62658) wohl den höchsten Höhepunkt zu bieten hat. Eine Besucherplattform in schwindelerregender Höhe sorgt hier für einen guten Überblick über die gesamte Region, wie auch der Ausblick von der Aussichtsplattform auf dem haushohen Duravit-WC in Hornberg (48.20700, 8.23210). Für Technikbegeisterte ist das Schramberger Technikmuseum (48.23017, 8.39429) ein absolutes Muss.

![E]in paar aufregende und interessante Kilometer im mittleren Schwarzwald stehen an. Diesmal starten wir von Obereschach, dem nördlichsten Bezirk von Villingen-Schwenningen. In einem der örtlichen Gasthöfe stärken wir uns am Morgen noch mit einem hervorragenden Frühstück, bevor wir uns auf die Erkundungsreise begeben.

Schon nach kurzer Fahrt machen wir den ersten Halt, denn wir möchten ein Foto vor der Schwarzwald-Apotheke in Königsfeld machen. Dort entdeckt eine 85-jährige Dame unsere Motorräder mit den ortsfremden Kennzeichen und spricht uns unvermittelt darauf an. Es stellt sich heraus, dass sie selbst eine leidenschaftliche Motorradfahrerin gewesen ist. Sie erzählt uns von einer ihrer schönsten Erinnerungen.

Weitgereiste Dame

Bereits im Jahre 1966 reiste sie gemeinsam mit ihrem Mann auf einer BMW 600 zum Polarkreis hinauf. Eine wirklich grandiose Leistung, vor allem zu der damaligen Zeit. Wir verbeugen uns innerlich und freuen uns darüber, dass sie unseren Respekt sofort bemerkt. Entsprechend angeregt plaudern wir noch eine ganze Weile über unsere Reisen und das Thema Motorradfahren im Allgemeinen. Dann verabschiedet sie sich, denn sie muss weiter. Wir aber auch.

EXTRA-TIPP

Kurz aus dem Schwarzwald hinaus und in die Schwäbische Alb hinein – und schon befindet man sich vor einer der größten Sehenswürdigkeiten Deutschlands: der **BURG HOHENZOLLERN**. Der Stammsitz des preußischen Königshauses und der Fürsten von Hohenzollern ist heute Wahrzeichen der Region Zollernalb und zählt zu den meist besuchten Burgen Europas. Die Gipfelburg befindet sich auf gut 850 Meter Höhe.

www.burg-hohenzollern.com

Die Apotheke in Königsfeld ist ein beliebtes Fotomotiv.

Es geht für uns in Richtung Niedereschach, wo sich das bekannte Touratech-Gelände befindet. Schon oft haben wir bei dem Zubehör-Spezialisten diverse Aufbauten für unsere Motorräder gekauft, und direkt montieren lassen. Dieses Mal möchten wir aus zeitlichen Gründen eigentlich auf einen Besuch verzichten, können aber dann doch nicht widerstehen. Ein paar Fachgespräche mit den Mitarbeitern und ein Mini-Einkauf müssen einfach sein. Dann geht es aber auch wirklich weiter. Wir fahren einen Schlenker über Dauchingen und Deißlingen. So erreichen wir aus südlicher Richtung Rottweil, die älteste Stadt Baden-Württembergs.

Kulturdenkmal

Das Wahrzeichen der Stadt ist sicherlich die Kirche, deren Turm 1983 das Prädikat „Kulturdenkmal von nationaler Bedeutung“ erhielt. Beeindruckend ist auch das Heilig-Kreuz-Münster mit seinem schiefen Turmdach.

Kulturell hat Rottweil grundsätzlich so einiges zu bieten. So findet hier jährlich das Jazzfest statt, bei dem auch internationale Größen auftreten. Daneben gibt es das Festival Sommersprossen mit klassischer Musik,

Rottweil ist die älteste Stadt Baden-Württembergs.

Einladende Fußgängerzone von Rottweil.

GLÜCKSELIGKEITEN VON RAU
DIE BÄCKEREI Storz

Der Thyssenkrupp-Turm in Rottweil.

sowie das Zimmertheater. Moderne und zeitgenössische Kunst können Besucher im Freien, auf der Kunstmeile entlang der Königstraße und im Forum Kunst bestaunen.

Quasi-Teil der Schweiz

Es mag vielleicht nicht jeder wissen, aber Rottweil ist schon seit mehr als 500 Jahren ein Quasi-Teil der Schweiz. 1463 schloss sie sich der Schweizerischen Eidgenossenschaft an – zunächst allerdings nur befristet. Für einige Jahre kämpfte die Stadt an deren Seite gegen feindliche Truppen und ging mit ihr im Jahre 1519 den so genannten „Ewigen Bund" ein. Obwohl die Liaison vor allem während der Zeit der Reformation ein wenig abkühlte, wurde dieses Bündnis bis heute nicht gekündigt – von keiner Seite. Demnach ist er bis heute formal gültig, spielt natürlich aber keine wesentliche politische Rolle mehr.

Neben dem Kirchturm sorgt seit 2017 ein ganz anderer Turm für weit mehr Aufsehen: Die Rede ist von dem Testturm für Aufzugsinnovation der Firma Thyssenkrupp. Auf einer Höhe von 246 Metern befindet sich eine Besucherplattform. Die Fahrt dorthin dauert nur etwa 30 Sekunden. Für uns ist das aber nun doch etwas zu hoch.

Dafür hat sich dieser Turm für uns Motorradfahrer zu einer wunderschönen, der Segler würden sagen – Peilmarke entwickelt. Egal aus welcher Richtung man kommt: Sobald man den Turm auftauchen sieht, weiß man:

Lustige Uhr im Technikmuseum Schramberg.

Da ist Rottweil. In der Bevölkerung findet der Turm große Akzeptanz, gerade weil er sich zu einem neuen Wahrzeichen und touristischen Magneten gemausert hat.

Entlang des Neckars

Über kurvige Straßen geht es für uns hinaus aus der Stadt in Richtung Norden. Ab Villingendorf fahren wir entlang des Neckars und erreichen so, an der Burgruine Hohenstein vorbei, Oberndorf am Neckar.

Oberndorf verbindet sich für uns Schwarzwälder mit dem dort herausgegebenen „Schwarzwälder Bote“. Noch gerne denke ich an die Zeit zurück, als ich ihn regelmäßig morgens beim Frühstück gelesen habe und auch des Öfteren quer über Land dorthin gefahren bin, um Anzeigen für Veranstaltungen schalten zu lassen.

Über den Wasserfallbach hinweg, fahren wir auf der L 415 nach Flourn und Rötenberg. Wir besprechen uns kurz über Funk und einigen uns darauf bis nach Schramberg durchzufahren, um dort Mittag zu machen.

Das Technikmuseum bietet auch eine historische Werkstatt.

Dieses altes Schätzchen kann in Schramberg bewundert werden.

Schramberg, Mittlerer Schwarzwald, im Tal der Schiltach und am Hang auf einer Höhe zwischen 396 und 943 Metern, ist die zweitgrößte Stadt des Landkreises Rottweil. Zu Beginn der Industrialisierung im 19. Jahrhundert war Junghans mit der Gründung seiner Uhrenfabrik schon 1861 nicht nur größter Arbeitgeber der Region, sondern auch Betreiber der weltgrößten Uhrenfabrik.

Die ehemalige Hamburg-Amerikanische Uhrenfabrik (H.A.U), ursprünglich ebenfalls in Schramberg ansässig, war nach Junghans die zweitgrößte Uhrenfabrik. Nach sehr vielen guten Jahren, begann 1925 der wirtschaftliche Niedergang, der 1930 in

der Übernahme durch die Firma Junghans endete. Doch auch sie befindet sich nicht mehr im Besitz der Gründerfamilie. Seit 2008 gehört die Uhrenfabrik Junghans GmbH & Co. KG nun dem Schramberger Unternehmer Hans-Jochen Steim und seinem Sohn Hannes.

Technik auf fünf Etagen

Heute beherbergen die noch erhaltenen Gebäuden der H.A.U-Fabrik das Schramberger Technikmuseum: Im Auto- und Uhrenmuseum Erfinderzeiten werden in einem denkmalgeschützten Gebäude auf fünf Etagen Geschichte, Technik und Entwicklung von Uhren und Autos präsentiert.

Mehr als 200 Autos und motorisierte Zweiräder aus den Jahren ab 1945 bis in die 1970er Jahre stehen hier in der Sammlung von Martin Sauter. Die Uhrenausstellung im fünften Stock beginnt mit einer Schwarzwälder Uhrenwerkstatt aus dem 19. Jahrhundert und zeigt die Entwicklung mechanischer Zeitmesser.

Eine weitere sehenswerte Ausstellung von Old- und Youngtimern gibt es in der Autosammlung Steim. Der Unternehmer Hans-Jochen Steim hat die mehr als 130 Raritäten seit den 1970er Jahren zusammengetragen. Das können wir uns natürlich nicht entgehen lassen. Und so verbringen wir hier doch mehrere Stunden.

Es ist nun doch schon später geworden, als wir es eigentlich geplant hat-

Das haushohe WC ist die Aussichtsplattform der Firma Duravit in Hornberg.

Idyllisch präsentiert sich Gutach im Breisgau.

ten. So schwingen wir uns schnell wieder auf unsere Motorräder. Über Lauterbach führt uns unser Weg nach Hornberg.

Was man mit Hornberg spontan verbindet, ist das bekannte Sprichwort „Es geht aus wie das Hornberger Schießen“. Diese Redewendung hat es, dank der Räuber von Friedrich Schiller, sogar in die deutsche Literatur geschafft. Doch noch etwas anderes verbinden viele Menschen direkt mit Hornberg: die Firma Duravit.

Pause am Golfplatz in Gutach mit seiner privaten Bahn.

In Hornberg befindet sich ihr Design Center. Neben allem, was man über Sanitärkeramik wissen möchte, gibt es die Möglichkeit von einer zwölf Meter hohen Aussichtsplattform auf einem haushohen WC einen Blick auf die Umgebung zu werfen. Duravit, beziehungsweise die keramische Manufaktur der Brüder Horn aus der Duravit entstand, war der erste Industriebetrieb der Stadt.

Rekordverdächtig

Über Hornberg erhebt sich übrigens auch die einzige Brücke, oder besser gesagt das einzige Viadukt, der berühmten Schwarzwaldbahn. Das zum Wahrzeichen gewordene Bauwerk bietet einen beeindruckenden Anblick. Im Stadtteil Niederwasser grüßt zu

jeder vollen und halben Stunde der Kuckuck die Gäste. Seit 1997 hält die Hornberger Kuckucksuhr den Rekord als „breiteste Kuckucksuhr".

Wir fahren nicht nach Niederwasser, sondern nördlich aus der Stadt heraus. Dabei machen wir einen Schlenker über Gutach, erfreuen uns an der kurvenreichen Fahrt auf der L107 und fahren durch Dorf Oberprechtal bis nach Rohrhardsberg. Von dort aus geht es durch die Orte Schonach und Triberg nach St. Georgen.

Technikregion

Wir haben ganz schön Kilometer gemacht und entschließen uns in St. Georgen daher für einen kurzen Halt am Schwarzen Tor. Ähnlich wie schon in Schramberg ist auch die Geschichte von St. Georgen eng mit der technischen Industrie verbunden. Hieraus resultiert auch das Entstehen der Feinmechanik-Industrie und besonders der Phono-Industrie. Zu Letzterem gibt das ortsansässige Deutsche Phonomuseum einen ausführlich Einblick.

Wir fahren aus St. Georgen heraus und folgen der B33 durch Mönchweiler nach Villingen-Schwenningen. Am Nachmittag erreichen wir Villingen-Schwenningen, ihres Zeichens die größte Stadt des Schwarzwald-Baar-Kreises. Fährt man so wie wir vom Stadtteil Villingen nach Schwenningen, so überquert man die ehemalige Grenze von Baden und Württemberg.

Während das einst badische Villingen überwiegend katholisch ist, war das württembergische Schwenningen bis ins 19. Jahrhundert nahezu rein evangelisch. Erst seit 1972 bilden die beiden Teile eine gemeinsame Stadt,

Pause am Schwarzen Tor in St. Georgen.

wenngleich sie geografisch gesehen nicht direkt miteinander verbunden sind. So unterscheidet der Einheimische nach wie vor zwischen Villingen und Schwenningen.

Mittelalterlicher Kern

Das Villinger Münster prägt noch heute das Bild des zu großen Teilen erhaltenen mittelalterlichen Stadtkerns. Es beherbergt das Franziskanermuseum, in dem sich unter anderem eine stadtgeschichtliche Abteilung und auch Funde aus der größten mitteleuropäischen keltischen Grabanlage befinden.

Auch in Schwenningen war die Uhrenindustrie der dominante Wirtschaftszweig. Die Stadt galt früher sogar als größte Uhrenstadt der Welt. Davon erzählt das Uhrenindustriemuseum. Das Heimat- und Uhrenmuseum Schwenningen befasst sich mit der Geschichte dieses Stadtteils. In ihm ist auch die Helmut-Kienzle-Uhrensammlung zu sehen. Die Uhrensammlung von Oskar Spiegelhalder kann im Franziskanermuseum in Villingen besichtigt werden.

Wir bleiben am Rand von Villingen, weshalb uns das Kloster leider entgeht, fahren über den Nordring Villingen nach Schwenningen und von dort über Weilersbach zurück nach Obereschach. In der Gaststube des Schweizerhofes treffen wir auf interessante regionale Persönlichkeiten, die dort wohl bevorzugt einkehren. Wir verstehen auch warum, denn bei dem hervorragenden Schwarzwälder Abendessen lassen auch wir den Tourentag bestens ausklingen. ◂

Mittelalterlicher Kern von Villingen.

INFOS ZUR TOUR

CHARAKTERISTIK

Wie eine Overtüre fühlt sich die leicht hügelige Landschaft der Schwarzwald-Baar Region im Vergleich zu der danach folgenden bergigen Topographie des mittleren Teils des Schwarzwaldes an. Die Rundtour gleicht einem Corso auf der frühen Geschichte der Schwarzwälder Uhrenindustrie.

ÜBERNACHTUNG

Gasthof Schweizerhof

Stumpenstr. 2, 78052 Villingen-Schwenningen
Neben einer optimalen Lage entsprechen auch Service und Gastlichkeit höheren Ansprüchen. Die Küche versteht es dabei mit ihrem Angebot insbesondere in Sachen Geschmack zu begeistern.
www.gasthof-schweizerhof.de
GPS 48.10553, 8.47073

Feriendorf Tennenbronn

Falkenweg 26, 78144 Schramberg-Tennenbronn
Hier kann man aus sechs verschiedenen Haustypen wählen. Spezielle Bikerangebote und ein eigenes Restaurant sind vorhanden.
www.ferienpark-tennenbronn.de
GPS 48.20371, 8.35200

Schlenker's Hotel & Restaurant Ochsen

Bürkstrasse 59 , 78054 Villingen-Schwenningen
Gelegen in einer verkehrsberuhigten Zone, nur drei Gehminuten vom Stadtzentrum entfernt.Die Küche bietet Ihnen schnörkellose, solide zubereitete, gute Produkte.
www.hotelochsen.com
GPS 48.06428, 8.52890

KOMBINATIONSMÖGLICHKEITEN

Diese Tour lässt sich mit der westlich gelegenen Tour 6 „Von Bollenhut und Kuckucksuhr“ oder der östlich liegenden Tour 5 „Vom Kinzigtal auf den Kniebis“ verbinden.

Schwarz-waldmarie

Diese Tour ist durch die teilweise sehr engen und steilen Straßen ein Kurven- und Aussichtstraum. Unterwegs besucht man das Deutsche Uhrenmuseum in Furtwangen, die „echte“ Quelle der Donau, die einzige Gewölbereihenstaumauer in Deutschland, den malerischen Titisee und auch den höchsten Berg im Schwarzwald.

Das Wiesental bietet Fahrspaß pur.

HASLACH im Kinzigtal
HAUSACH
HERBOLZHEIM
HORNBERG
ELZACH
EMMENDINGEN
TRIBERG i.Schwarzw.
VOGTSBURG im Kaiserstuhl
WALDKIRCH
Denzlingen
FURTWANGEN i.Schwarzwald
Gundelfingen
FREIBURG im Breisgau
VÖHRENBACH
St. Peter
St. Märgen
Stegen
Kirchzarten
Buchenbach
Schallstadt
Merzhausen
BAD KROZINGEN
Ehrenkirchen
TITISEE-NEUSTADT
STAUFEN i.Breisgau
Hinterzarten
Feldberg
Lenzkirch
Münstertal (Schwarzwald)
SULZBURG
TODTNAU
MÜLLHEIM
Badenweiler
SCHÖNAU
SANKT BLASIEN
Todtmoos
KANDERN
ZELL i.Wiesental
Höchenschwand
Dachsberg (Südschwarzwald)
Herrischried
STEINEN
SCHOPFHEIM
WEHR
Görwihl
WALDSHUT-TIENGEN
LÖRRACH
Rickenbach
Albbruck
LAUFENBURG
Küssaberg
Lauchringen
Ühlingen
Grafenhausen
Bonndorf

TOUREN-STECKBRIEF

BASISORT

Schopfheim im Wiesental (47.64909, 7.81799)

STRECKENLÄNGE

ca. 250 km

DAUER DER TOUR

8 Stunden

ROADBOOK

Schopfheim, Hochblauen, Badenweiler, Kälbelescheuer, Münstertal, St. Peter, St. Märgen, Hexenlochmühle, Furtwangen, Donauquelle, Linachstausee, Titisee, Feldberg, Todtnau, Todtmoos, Wehratal, Schopfheim

HIGHLIGHTS

Gespickt mit einigen fahrerischen Herausforderungen, doch dadurch vielleicht sogar noch ein bisschen interessanter als die anderen zwei Touren im Südschwarzwald, geht es hier zu. Highlights gibt es neben der Strecke selbst und dem Ausblick zu Genüge. Zum Beispiel die Hexenlochmühle (48.00929, 8.13978), die Kloster St. Peter (48.01668, 8.03211) und St. Trupert (47.86360, 7.80195), die Kälbelescheuer und nicht zu vergessen: die Oldtimersammlung beim Kolmenhof in der Nähe von Furtwangen (48.09578, 8.15574). Ein echter Geheimtipp!

Gemeinde Wiesental im Landkreis Lörrach.

Die Hexenlochmühle wurde schon 1825 erbaut.

Was wäre ein Besuch im Schwarzwald ohne auf dem Höchsten, dem Feldberg, gewesen zu sein? Heute werden wir uns die Hauptattraktionen Titisee, Feldberg und die auf jedem Schwarzwaldkalender zu findende Hexenlochmühle erfahren. Ganz nebenbei gibt es Landschaft und Kurven ohne Ende. Eine Tour für Kurvenfreaks.

Kurvengeflüster

Nach einem ausgiebigen Frühstück in unserem Hotel in Wiechs treffen wir uns zum obligatorischen Tankstopp am Schell Autohof in Schopfheim, dem Startpunkt unserer Tour. Schnell sind die Visiere geputzt, die Tour im Navi aktiviert und schon geht es auch los. Wir orientieren uns ins Kleine Wiesental.

Der Name dürfte durchaus irreführend sein. Es handelt sich keineswegs um eine Wiese oder gar ein Tal, sondern eine politisch groß gewordene Gemeinde im Landkreis Lörrach. Das Neukonstrukt existiert seit 2009. Damals schlossen sich die bis dato selbständigen Gemeinden Bürchau, Elbenschwand, Neuenweg, Raich, Sallneck, Tegernau, Wies und Wieslet zusammen. Namensgeber ist der Fluss Kleine Wiese.

Wir durchfahren als erstes die Ortschaft Tegernau. Keine zehn Minuten sind wir seit Schopfheim unterwegs, und schon beginnt unsere Achterbahnfahrt. Bei Holl biegen wir links ab. Äußerst kurvenreich gewinnen wir rasch an Höhe und bald haben wir sie wieder, diese Aussicht bis zu den Schweizer Alpen. Wir genießen den Kurventanz, immer wieder halten wir an um ein Foto zu schießen.

Hoher Aussichtsturm

Über die Passhöhe Lipple fahren wir in Richtung Badenweiler. Den Abzweig von der L140 zum Gipfel des Hochblauen können wir nicht verfehlen. So stellen wir unsere Motorräder schon kurze Zeit später auf dem Parkplatz des Aussichtsberges vorm Hotel ab. Wir wollen noch höher hinaus und besteigen den 1895 erbauten und 21 Meter hohen Aussichtsturm.

Was für eine Aussicht: Von den Alpen über das tief unter uns liegende Rheintal mit den Vogesen im Hintergrund bis zu den höchsten Schwarzwaldgipfeln reicht das 360-Grad-Panorama. Einfach traumhaft.

Weil wir aber zum Motorradfahren hier sind, sitzen wir schon bald wieder auf den Maschinen und kurven steil bergab in Richtung Badenweiler. Die schmale, kurvige und schlecht einsehbare Straße erfordert unsere volle Aufmerksamkeit. Den schon fast mondän anmutenden Kurort Badenweiler durchfahren wir dann auch nur. Den Besuch in der Cassiopeia Therme

Etwas unbefestigter darf es zwischendurch auch sein.

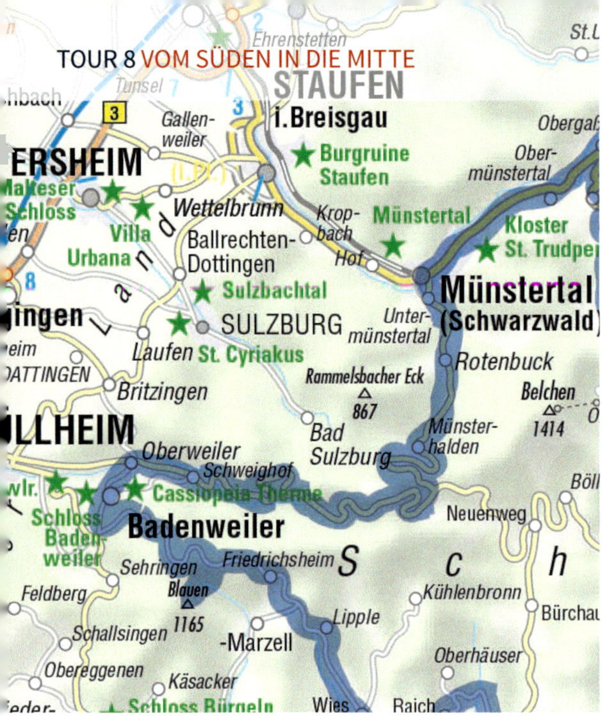

heben wir uns für einen Regentag auf. Zeit für einen Kaffee, diesen wollen wir auf der Sonnenterrasse der Almgaststätte Kälbelescheuer genießen.

Von Badenweiler aus geht es wieder extrem motorradfreundlich über die 1080 Meter hohe Kreuzwegpasshöhe und den Haldenhof zur absolut traumhaft gelegenen Kälbelescheuer Almgaststätte. Ein traumhafter Platz für eine Pause.

Bald schon zieht es uns weiter. Wir folgen der schmalen kurvigen Straße hinab und finden uns nach einigen schönen Kurven schon im Münstertal wieder. Hier nehmen wir die L123 in Richtung Obermünstertal, passieren das prächtige Kloster St. Trupert bis zum Abzweig auf den Stohren.

Der Stohren befindet sich auf 1202 Metern und ist die Verbindung vom Münstertal hinauf in Richtung Schauinsland. Die schmale Straße zieht sich hier auf fünf Kilometern Länge mit einer Steigung von bis zu 18 Prozent

Auf in den Kurort Badenweiler.

Das Münstertal ist von Kurven durchzogen.

mit einigen anspruchsvoll zu fahrenden Spitzkehren steil nach oben. Das überwältigende Panorama hier auf dem Schauinsland-Rücken begeistert uns zusehends. Über Hofsgrund fahren wir vorbei am Steinwasenpark und Oberried ins obere Dreisamtal.

Von Mönchen und Hexen

Bei Kirchzarten queren wir das breite Tal, um durch das lieblich schöne Eschbachtal – und damit rasch an Höhe gewinnend – St. Peter im Schwarzwald zu erreichen. Wir stellen die Motorräder vor dem Klosterhof ab und besichtigen die prunkvolle Klosterkirche.

Von St. Peter geht es über eine der schönsten Panoramastraßen des Südschwarzwaldes, der L127, nach St. Märgen und von dort in Richtung Schwarzwaldhochstraße.. Am Gasthaus Sonne-Neuhäusle zweigt links eine kleine Straße ab die uns steil und kurvenreich hinab zur berühmten Hexenlochmühle führen wird.

Die 1825 erbaute und seit 1839 in Familienbesitz befindliche Hexen-

Der 1284 Meter hohe Schauinsland gilt als einer der Hausberge von Freiburg.

lochmühle ist eines der Fotomotive im Schwarzwald schlechthin. Die Mühlräder werden vom Wasser des Heubachs mit etwa 300 Litern pro Sekunde angetrieben. Das große Wasserrad hat nicht nur einen Durchmesser von vier Metern und ist 13 PS schnell, sondern ist auch der Antrieb einer Kreissäge.

Das Innere der Mühle

Das Getriebe ist frei zugänglich und im Inneren der Mühle zu besichtigen. Selbstverständlich kann man sich hier auch mit allen denkbaren Schwarzwaldsouvenirs vom Speck bis hin zur Kuckucksuhr eindecken. Ein Stück hausgemachte Schwarzwälder Kirschtorte auf der schönen Terrasse direkt am Bach ist absolut zu empfehlen.

Weiter geht es dem Heubach flussaufwärts folgend aus dem Talgrund hinauf zur B 500, der wir dann in einigen großzügigen Schwüngen hinab nach Furtwangen folgen. Furtwangen ist die höchst gelegene Stadt Baden-Württembergs. Zwischen 850 und 1150 Höhenmetern liegt sie landschaftlich reizvoll im oberen Bregtal im Quellgebiet der Donau.

Ein Besuch im Deutschen Uhrenmuseum mit seinen mehr als 8 000 Exponaten (unter anderem auch der weltgrößten Sammlung an Kuckucksuhren) ist nicht nur für Uhrenliebhaber zu empfehlen. 1850 wurde in Furtwangen eine Uhrmacherschule gegründet deren erstem Rektor, Robert Gerwig, wir die Schwarzwald-

EXTRA-TIPP

Warum nicht dem Nachbarn im Westen mal einen Besuch abstatten? Von Schopfheim ist man schnell über den Rhein in Basel und von dort ist Belfort als Metropole der Südvogesen der ideale Ausgangspunkt um über die berühmte Route des Crêtes und den **GRAND BALLON** (**GPS** 47.901, 7.098) zu erreichen.

bahn verdanken. Sie verbindet Offenburg und Singen auf einer 149 Kilometer langen Strecke. Dabei meistert sie die 448 Meter Höhenunterschied alleine durch Doppelschleifen.

Absolute Alleinlage

Zum Mittagessen steuern wir das tolle Ausflugsziel Kolmenhof, etwa fünf Kilometer außerhalb Furtwangens an der Donauquelle, an. Auf der schö-

nen Aussichtsterrasse des in absoluter Alleinlage liegenden Kolmenhofs, genießen wir zunächst die Spezialitäten des Hauses. Dann bemerkt der Chef uns und unsere Motorräder – und spricht uns an.

Im Gespräch erfahren wir, dass er selbst auch eine GS fährt und oft mit

Der Kolmenhof ist ein tolles Ausflugsziel (oben und links).

Der malerisch gelegene Titisee.

ihr unterwegs ist. Außerdem zeigt er uns noch ein ganz besonderes Schmankerl: Die Oldtimersammlung seines Vaters. Ein echter Geheimtipp und absolut sehenswert.

Echte Donauquelle

Nach dem netten Gespräch machen wir uns zu Fuß auf an die Quelle der Breg. Die Bregquelle ist die am weitesten von der Mündung der Donau in das Schwarze Meer liegende Quelle und gilt somit als die „echte" Donauquelle. Die Gelehrten sind sich hierüber jedoch uneinig, beansprucht doch die Stadt Donaueschingen die Quelle der Donau für sich.

Nach Auffassung Donaueschingens beginnt die Donau offiziell am Zusammenfluss von Brigach und Breg im Schlosspark von Donaueschingen. Aus der Schulzeit dürften viele noch den Satz „Brigach und Breg bringen die Donau auf den Weg" kennen.

Nicht ohne auch noch der spätgotischen Martinskapelle direkt oberhalb des Kolmenhofs einen Besuch abzustatten, machen wir uns auf den Rückweg. Von Furtwangen fahren wir die schmale Straße entlang der Linachtalsperre hinab ins Bregtal, dem wir bis Hammereisenbach folgen. Herrlich zieht sich die Straße von Hammereisenbach über Schollach, vorbei am 1072 Meter hohen Magrutshäusle hinüber nach Titisee-Neustadt.

Am Bahnhof von Titisee stellen wir unsere Motorräder ab und machen

uns zu Fuß in das vom Tourismus absolut überlaufene kleine Städtchen. Eine Bootsfahrt über den schwarzwälder See mit einem der Ausflugsdampfer lässt uns dem Trubel entfliehen: Wir genießen das bunte Treiben auf dem See vom Boot aus.

Sagenhafter Sprung

In Titisee befindet sich übrigens Deutschlands höchste Naturskisprungschanze. Der Pole Adam Malysz sprang hier am 3. Februar 2007 auf sagenhafte 145 Meter – seither Schanzenrekord. Nach ausgiebigem Sightseeing entfliehen wir diesem Tourismusmagneten.

Über die Bruderhalde treffen wir in Bärental auf die B317, die uns in einigen Schwüngen direkt auf die Feldbergpasshöhe auf 1233 Metern bringt. Wir biegen rechts ab und machen noch einen kleinen Abstecher zum Haus der Natur am Feldberg. Hier ist für den motorisierten Verkehr endgültig Schluss, auf den 1493 Meter hohen Feldberggipfel geht es nur noch zu Fuß oder mit der Seilbahn.

Da wir schon mal hier sind, nehmen wir die Seilbahn und schweben in wenigen Minuten hinauf zur 1450 Meter hoch gelegenen Bergstation. Von hier oben sind es nur ein paar Meter bis zum Feldbergturm mit seiner Aussichtsplattform, was für ein erhabenes Gefühl hier oben. Der Feldberg ist nur über die vielbefahrene B317 zu erreichen, über diese

Abstecher zum Feldbergpass.

fahren auch wir hinunter ins Wiesental nach Todtnau, im Herzen des Naturparks Südschwarzwald.

Auf dem Präger Gletscherkessel.

Sonntags bietet sich dort ein Stopp beim Bikertreff Andy's Pfeffermühle an. Nach dem Verzehr der reichhaltigen Speisen des dortigen XXL-Biker-Brunchs sollte man sich eine kleine Pause gönnen, bevor man sich von der Talstation hinauf zum Hasenhorn Coaster macht und sich diese spektakuläre Rodelbahn hinunterstürzt. Verpassen sollte man diesen Spaß aber auf keinen Fall.

Wer es etwas ruhiger mag, der sollte sich auf den Weg zum Todnauer Wasserfall machen. Mit 97 Metern ist er einer der höchsten Naturwasserfälle Deutschlands. Ganz in der Nähe, und zwar in Utzenfeld, befindet sich die Konfitürenmanufaktur Alfred Faller GmbH, wo man bei einer Führung alles über die Herstellung des beliebten Brotaufstrichs erfährt.

Präger Gletscherkessel

Über Präg fahren wir durch den Präger Gletscherkessel auf herrlicher Motorradstrecke hinauf zum Weißenbachsattel und von dort ins obere Wehratal nach Todtmoos. Die überaus beliebte Strecke, bringt uns dann durch das wildromantische enge Wehratal ins gleichnamige Städtchen Wehr.

Von hier aus ist es nur noch ein Katzensprung über die gutausgebaute B518 zurück nach Schopfheim. Dort angekommen, lassen wir die Tour bei einem Kaffee in einem der Straßencafés am Marktplatz mit Genuss Revue passieren. ◀

INFOS ZUR TOUR

CHARAKTERISTIK

Wunderbare Tour für Kurven- und Naturliebhaber. Überwiegend auf Nebenstraßen wird die Schönheit des Südschwarzwaldes erlebt. Die teilweise schmalen, sehr kurvigen Streckenabschnitte setzen eine solide Fahrtechnik voraus. Dem erfahrenen Motorradfahrer wird sie dafür ein breites Grinsen ins Gesicht zaubern.

PÄSSE DER TOUR

Lipple (893 Meter), Kreuzweg (1080 Meter), Stohren (1202 Meter), Feldbergpass (1231 Meter), Weißenbachsattel (1079 Meter).

ÜBERNACHTUNG

Hotel Krone
Wiechs Am Rain 6, 79650 Schopfheim
Schönes familiengeführtes Hotel etwas oberhalb von Schopfheim im Ortsteil Wiechs gelegen mit großem Wellnessbereich und gut bürgerlicher Küche
www.krone-wiechs.de
GPS 47.63203, 7.81269

Andi's Steakhüsle
Hauptstr. 251, 79650 Schopfheim-Fahrnau
Schönes Hotel mit einladendem Wellnessbereich und leckeren Steakspezialitäten aus der Küche.
www.steakhuesli.de
GPS 47.661, 7.835

Burg Hotel
In sonniger und ruhiger Lage, direkt am „Grafenmatt" gelegen, präsentiert sich das familiär geführte Hotel.
www.burg-feldberg.de
GPS 47.85557, 8.02791

KOMBINATIONSMÖGLICHKEITEN

Vom Schauinsland lässt sich die berüchtigte – zwischen 1925 bis 1984 als eine herausragende Bergrennstrecke bekannt gewordene – L124 einbauen. Bei der Tourplanung muss aber unbedingt berücksichtigt werden, dass sie immer vom 1. April bis 31. Oktober für Motorradfahrer an Wochenenden und Feiertagen gesperrt ist.

Markgräfler **Weinfest**

Bei dieser Tour heißt es, den Schwarzwald bis zu seinen Ausläufern zu befahren. Die Metropole Freiburg im Breisgau, am Rande des Schwarzwaldes gelegen, ist dabei südwestlicher Wendepunkt – und mit einem seiner Hausberge, dem Schauinsland – sicherlich auch ein Höhepunkt. Darüber hinaus geht es durch die Weinberge des Markgräferlandes und durch Schönau, den Heimatort von unserem Jogi Löw.

Immer weiter hinauf geht es im Münstertal.

VOGTSBURG im Kaiserstuhl
Ihringen
March
Denzlingen
WALDKIRCH
Gundelfingen
FREIBURG im Breisgau
Umkirch
Merdingen
Gündlingen
Stegen
Kirchzarten
Merzhausen
Schallstadt
Ebringen
Hartheim
BAD KROZINGEN
Ehrenkirchen
Bollschweil
Oberried
Horben
Schauinsland
STAUFEN i.Breisgau
HEITERSHEIM
Münstertal (Schwarzwald)
SULZBURG
Feldberg
Todtnauberg
TODTNAU
NEUENBURG am Rhein
MÜLLHEIM
Badenweiler
Belchen
SCHÖNAU
Schliengen
KANDERN
Bad Bellingen
ZELL i.Wiesental
Hausen im Wiesental
SCHOPFHEIM
STEINEN
Todtmoos
WEHR
LÖRRACH
WEIL am Rhein
RIEHEN
GRENZACH-WYHLEN
RHEINFELDEN
BAD SÄCKINGEN
LAUFENBURG (Baden)
BASEL

TOUREN-STECKBRIEF

BASISORT
Schopfheim im Wiesental (47.64909, 7.81799)

STRECKENLÄNGE
ca. 160 km

DAUER DER TOUR
8 Stunden

ROADBOOK
Schopfheim, Kandern, Müllheim, Zunzingen, Britzingen, Laufen, Staufen, Freiburg, Schauinsland, Wiedener Eck, Belchen, Schönau, Pfaffenberg, Schlechtbach, Schopfheim

HIGHLIGHTS
Sowohl das kleine Töpferstädtchen Kandern mit seiner Museumsdampfbahn (Kandertalbahn 47.71365, 7.65704) als auch das Faust-Städtchen Staufen mit seinem schönen Fachwerkkern und das Rokoko-Schloss in Bürgeln (47.75042, 7.67752) sind einen Stopp wert. Tourprägend ist aber sicher die Breisgaumetropole Freiburg (47.99430, 7.84931) am Rande des Schwarzwaldes mit dem berühmten Freiburger Münster sowie dem Hausberg Schauinsland (47.91266, 7.89498) mit seiner legendären Schauinsland-Bergrennstrecke. Besonders von hier und vom Belchengipfel (47.82149, 7.85045), dem schönsten Aussichtsgipfel im Südschwarzwald, hat man einen herrlichen Blick über die Region.

Ganz im Südwesten, dort wo der Schwarzwald steil und schroff ins Rheintal abfällt, liegen auf seinen Ausläufern die sanften Hügel des Markgräflerlandes sowie des Breisgaus mit dessen quirliger Metropole Freiburg.

Auf kleinen Nebenstraßen wollen wir diese Gegend fernab des Mainstreams erkunden, um dann einem von Freiburgs Hausbergen und zugleich einen der höchsten Passstraßen im Südschwarzwald zu erfahren: den 1284 Meter hohen Schauinsland.

Viel Lebensfreude

Von unserem Hotel in Wiechs rollen wir gemütlich hinab nach Schopfheim. Wir wollen den ursprünglichen Südschwarzwald, dessen Einwohner und deren Lebensfreude entdecken. Nach kurzem Auftanken geht es gleich recht zackig los. Zwei, drei Kurven ins Kleine Wiesental, und schon schraubt sich das enge Sträßchen in einigen schönen Kehren und Kurven durch den Wald nach oben.

Vorbei an dem kleinen Weiler Eichholz führt uns das prächtige Panoramasträßchen über Kirchausen Lehnacker nach Endenburg. Bei günstigen Sichtverhältnissen liegen einem die Bergriesen der Schweizer Alpen hier gerne zu Füßen.

In Kirchhausen sei ein Abstecher ins Bauernhausmuseum Schneiderhof empfohlen, wo Zeitzeugen das Leben der Bergbauern anschaulich darstellen. Herrlich kurvig schwingen wir dann hinab auf die Scheideck Passhöhe und von dort in das Töpferstädtchen Kandern.

Die sehr schön erhaltene Kernstadt mit dem Biedermeier-Marktplatz und

Ein Kurventraum im Wiesental.

dem klassizistischen Blumenplatz ist außerdem Endpunkt der historischen Kandertalbahn, einer Dampfeisenbahn mit sehr viel Flair.

Nach einem kurzen Rundgang durch das Städtchen sowie einem Besuch im Heimat- und Keramikmuseum machen wir uns auf den Weg gen Norden. Freiburg im Breisgau wird der Wendepunkt dieser Tour sein.

Familiensaga

Nachdem wir die Passhöhe St. Johannis-Breite auf 474 Metern kurz nach

Schloss Bürgeln war der Drehort einer beliebten TV-Familiensaga.

EXTRA-TIPP

Mit ihren lediglich 160 Kilometern bietet diese Tour genug Raum und Zeit sich etwas näher mit Deutschlands südlichster Weinregion zu befassen. Dazu könnte man beispielsweise die beiden großen Weinorte Schliengen und/oder Auggen und deren Weinberge mitehmen. Mit vielen Preisen ausgezeichnet ist zum Beispiel die Winzerkellerei Auggener Schäf (**GPS** 47.795, 7.595). Wie alle großen Kellereien in dieser Region verfügt sie über eine wunderbare Vinothek, die es sich anzuschauen lohnt. Ein schöner Service natürlich nicht nur für Motorradfahrer: Die leckeren Tropfen werden auf Wunsch auch nach Hause geliefert.

Kandern quasi im Fluge hinter uns gelassen haben, nähern wir uns mit Schloss Bürgeln schon dem nächsten Highlight: Es war Ende der 1980er Jahre Drehort der TV-Familiensaga Lorentz & Söhne.

Natürlich lohnt sich ein Besuch nicht nur aus diesem Grunde: Das im Jahre 1762 vom Baumeister Franz Anton Bagnato erbaute frühklassizistische Schloss mit seinem spielerischen Rokoko-Dekor ist ein Augenschmaus und von März bis Oktober täglich zu besichtigen.

Nach unserem Rundgang genehmigen wir uns einen Cappuccino auf der Gartenterrasse des Schloss-Cafés. Traumhaft ist die Aussicht über die Rheinebene bis hinüber zu den Voge-

Eine von vielen Straußenwirtschaften der Region.

sen, die uns auch auf unserer weiteren Fahrt begleiten wird.

Auf kleinsten Sträßchen gleiten wir nun durch die Weinberge des Markgräflerlandes am Rande des Südschwarzwaldes. Prächtige Winzerorte wie Zunsingen, Britzingen oder Laufen liegen auf dem Weg. Immer wieder fallen uns die seltsam anmutenden Hinweisschilder mit einem angebundenen Reisigbesen auf, welche auf so genannte „Straußen" hinweisen.

Straußenwirtschaft

Wir werden neugierig: Solche Straußen wollen wir uns einmal näher anschauen und biegen dazu kurz vor Staufen rechts ab. Die Besenwirtschaft Probst Strauße gilt als eine der ältesten dieser als Straußi bezeichneten und nur saisonal geöffneten Gastwirtschaften in dieser Region. Die hausgemachten Weine probieren wir selbstverständlich nicht, aber bei den deftigen Gerichten können wir nicht nein sagen.

Bestens gestärkt machen wir uns auf den Weg nach Staufen. Das historische Faust-Städtchen erkunden wir selbstverständlich zu Fuß. Ein Besuch des weit über Staufen hinaus bekannten Café Deckers, vor dem wir unsere Motorräder abgestellt haben, ist für Kuchenfans im Prinzip schon fast ein Muss. Ebenfalls nur zu Fuß zu erreichen ist die Ruine der Burg Staufen, welche auf einem Vulkankegel hoch über dem Städtchen thront.

Das Martinstor gehört zur mittelalterlichen Stadtbefestigung von Freiburg.

Staufen.

Mitten im Münstertal, nur wenige Kilometer von Freiburg entfernt.

Von Staufen sind es nur noch ein paar Kilometer bis Freiburg. Wir parken unsere Motorräder auf einem P&R-Parkplatz am südlichen Stadtrand. Von hier nehmen wir die Straßenbahn bis in die City und steigen am Bertholdsbrunnen aus.

Wie der Zusatz im Namen schon sagt liegt Freiburg nicht im, sondern nur am Rande des Schwarzwaldes. Wir wollen uns hier aber mal der landläufigen und überwiegenden Meinung „Freiburg im Schwarzwald" anschließen.

Im Dreiländereck

Die Universitätsstadt mit Sitz des Regierungspräsidiums befindet sich im Dreiländereck Deutschland-Schweiz-Frankreich. Im Umkreis von 50 bis 80 Kilometern sind Mülhausen und Straßburg im Elsass oder Basel und Zürich in der Schweiz erreichbar.

Freiburg punktet nicht nur durch die touristisch beliebte Ausstrahlung seines Altstadtkerns und den vielen

Sehenswürdigkeiten sowie mit seiner Lage und dem milden Klima, sondern auch mit einem vielfältigen kulturellen Angebot.

Vor mehr als 900 Jahren baute das Geschlecht der Zähringer auf dem Schlossberg die Burg Castrum de Friburch. Wenig später erhielten die umliegenden Siedlungen das Stadt- und Marktrecht. Dies, und ergiebige Silbervorkommen in der Umgebung, verhalfen zu schnellem Wachstum und Wohlstand. Am Ende des Zweiten Weltkriegs wurden weite Teile der historischen Altstadt durch Luftangriffe zerstört. Dabei blieb aber wie durch ein Wunder das Münster nahezu unversehrt.

Nach einem behutsamen Wiederaufbau ist Freiburg heute eine lebendige, weltoffene Stadt mit über 220000 Einwohnern. Wegen seiner engagierten Umweltpolitik und einer Vielzahl ökologischer Lösungen trägt Freiburg international den Beinamen „Green City".

Um Freiburg wirklich zu erkunden, ist natürlich mehr als ein Tag notwendig. So viel Zeit haben wir leider nicht. Daher beschränken wir unseren Aufenthalt auf einen Besuch des Freiburger Münsters und des davor befindlichen Münsterplatzes mit seinem lebendigen Markt.

Die Schauinsland-Bergstrecke ist legendär.

Der Hausberg ruft

Nach so vielen landschaftlichen und kulturellen Highlights folgt nun ein

wahrlich sportlicher Höhepunkt: Wir werden den 1284 Meter hohen Schauinsland über die legendäre Schauinsland-Bergrennstrecke bezwingen. Diese seit 1984 leider immer vom 1. April bis 1. November an Wochenenden und Feiertagen für Motorräder gesperrte Bergstrecke, wurde von 1925 bis 1984 als Rennstrecke für ein legendäres Bergrennen genutzt.

Die gesperrte Bergrennstrecke kann von Staufen aus über das Münstertal (zur Wiedener Eck Passhöhe) oder von Freiburg aus über Kirchzarten, Oberried und Hofsgrund zum Parkplatz der Schauinsland Bergstation umfahren werden.

Toller Kurvenrausch

Kurz nach Horben beginnt der Kurvenrausch, der erst zwölf Kilometer später an der Bergstation enden wird. Die gut ausgebaute Strecke vermittelt Sicherheit. Wir genießen die herrlichen Kurvenkombinationen. Die Angststreifen auf den Reifen verschwinden zusehends.

Das Berggasthaus Holzschlägermatte, im oberen Drittel der Strecke gelegen, ist mit seiner Schaukurve immer freitagnachmittags ein beliebter Treffpunkt für Motorradfahrer. Die rustikale, gut bürgerliche Küche bietet ein super Preis-Leistungs-Verhältnis und ist eine unbedingte Empfehlung.

Auf der Schauinslandpasshöhe sei zudem ein Besuch des Besucherbergwerks empfohlen. Von Mai bis November werden hier an den Wochenenden Führungen angeboten. Im Juli und August gibt es täglich Führungen, die von 45 Minuten bis zu 2,5 Stunden dauern können.

Der Schauinslandgipfel mit seinem Aussichtsturm ist vom Parkplatz aus in etwa 15 Minuten bequem zu Fuß zu erreichen, und bietet eine phantastische Rundumsicht von den Alpen

Oben auf dem Freiburger Hausberg angekommen.

über die Vogesen bis zu den höchsten Schwarzwaldgipfeln.

Weiter geht es mit der spektakulären Aussicht hinab in Richtung Münstertal, und von dort auf herrlich kurviger Bergstraße hoch zur 1035 Meter hohen Passhöhe Wiedener Eck. Das gleichnamige Hotel mit seinem kleinen Biergarten ist ein beliebter Motorradtreffpunkt und bietet sich daher für einen Boxenstopp, speziell zum Essen, immer gut an. Wir cruisen aber ein paar Kurven weiter zur Talstation der Belchenseilbahn.

Die Straßenverläufe machen allerorten viel Spaß.

Gipfelglück in vier Minuten

Den unserer Meinung nach schönsten Aussichtsberg im Südschwarzwald, den mit 1414 Metern Höhe vierthöchsten Gipfel des Belchen, erreicht man nur zu Fuß oder mit der Seilbahn. Wir tauschen kurzerhand das Motorrad gegen die Kabinenbahn und schweben in knapp vier Minuten hinauf zum Gipfel. Das Panorama hier oben von der Aussichtsterrasse des Belchenhauses ist wahrlich berauschend.

Wir genießen die Stille und schauen dem bunten Treiben der Wanderer

Schönau, die Heimat von Jogi Löw.

zu. Gerne würden wir hier länger verweilen, doch inzwischen ist es später Nachmittag – und wir müssen ja noch zurück nach Schopfheim.

Beim Weltmeister

Doch vor der Kür steht die Pflicht. Daher kurven wir von der Talstation der Belchenseilbahn genussvoll hinab nach Schönau im Wiesental. Ja, genau richtig, es ist jenes Schönau, welches als Geburts- und Heimatort des deutschen Fußballbundestrainers Jogi Löw bekannt geworden ist.

Ein wahrer Geheimtipp ist die Strecke von Schönau zurück nach Schopfheim. Wir nehmen dazu nicht die gut ausgebaute und verkehrsreiche B 317 im Talgrund, sondern ein parallel, hoch über dem Talboden verlaufendes Aussichtssträßchen über Hof nach Pfaffenberg. Diese kleine Straße wird überwiegend von ortskundigen Anwohnern genutzt. Touristen verirren sich nur selten hierher. Zum Glück, so können wir die Schönheit dieser weiten, offenen Landschaft entspannt genießen. Immer wieder mal öffnet sich der weite Blick bis zu den Eisriesen der Schweizer Alpen.

Hochzufrieden nehmen wir den letzten kurvigen Abschnitt des heutigen Tages in Angriff. Dazu schrauben wir uns von Zell Atzenbach erneut in luftige Höhen hinauf, bis wir von der Schlechtbacher Höhe zum letzten Mal das herrliche Alpenpanorama genießen können.

Etwa zwölf Kilometer sind es von hier oben bis zurück nach Schopfheim – und keine Gerade auf dieser Strecke ist länger als 200 Meter. ◄

INFOS ZUR TOUR

CHARAKTERISTIK

Eine herrlich aussichtsreiche Motorradtour ganz im Südwesten des Südschwarzwaldes: von den Weinbergen des Markgräflerlandes und des Breisgaus bis hinauf zu den Schwarzwaldgipfeln von Schauinsland und Belchen. Auch wenn die Fahrstrecke nur etwa 160 Kilometer lang ist, sollte man mindestens 7-8 Stunden, besser einen ganzen Tag einplanen. Alle genannten Sehenswürdigkeiten sind an einem Tag nicht zu schaffen, aber es ist für jeden etwas dabei um Land und Leute im Südwesten, während einer schönen Motorradtour, kennen zu lernen.

PÄSSE DER TOUR

Scheideck (543 Meter), Schauinsland (1284 Meter), Wiedener Eck (1035 Meter), Schlechtbacher Höhe (908 Meter).

ÜBERNACHTUNG

Landhaus zur Badischen Weinstraße
Neue Kirchstrasse 26, 79282 Ballrechten
Das liebevoll geführtes Hotel garni liegt zentral im Bäderdreieck Bad Krozingen – Badenweiler – Bad Bellingen.
www.landhaus-zur-badischen-weinstrasse.de
GPS 47.85850, 7.69584

Gasthof Hotel Hirschen
Wieser Straße 7, 79692 Kleines Wiesental
Ein traditioneller Gasthof im stilvollen Ambiente.
www.urlaub-suedschwarwald.com
GPS 47.72404, 7.77129

Gasthaus Stiller Winkel
Stockmattstraße 17, 79618 Rheinfelden
Ideal als Ausgangspunkt für Motorradtouren im Schwarzwald.
www.stiller-winkel-minseln.de
GPS 47.60677, 7.78289

KOMBINATIONSMÖGLICHKEITEN

Eine Alternative zur Schauinsland Bergrennstrecke ist die Route von Staufen durch das Münstertal. Von dort aus kann auch die Tour 8 „Vom Süden in die Mitte“ angebunden werden.

262

Zäpfle-**Tour**

Sehr kurvenreich geht es zu auf dieser Tour: Immer wieder schlängeln sich die Straßen die Berge hinauf und hinab und folgen Flussläufen, so dass Motorradfahrer in einen regelrechten Rausch versetzt werden.

Historische Lok der Sauschwänzlebahn in Blumberg.

FURTWANGEN i.Schwarzwald
VÖHRENBACH
FREIBURG im Breisgau
Gundelfingen
Glottertal
St. Peter
St. Märgen
Stegen
Merzhausen
Kirchzarten
Buchenbach
Höllentalbahn
Oberried
Hirschsprung
Ravennaschlucht
Bergwelt Schauinsland
Steinwasen-Park
Eisenbach
Friedenweiler
TITISEE-NEUSTADT
Hinterzarten
Feldberg
Feldberg 1493
Hochschwarzwald
Münstertal (Schwarzwald)
Lenzkirch
Kappel
LÖFF
Todtnauberg
Todtnauer Wasserfälle
TODTNAU
Schluchsee
Belchen 1414
Kaiserhaus
Bernau
SCHÖNAU
SANKT BLASIEN
Dom Sankt Blasien
Grafenhausen
Museum Hüsli
Birkendorf
Todtmoos
Höchenschwand
Ühlingen
ZELL i.Wiesental
Hausen im Wiesental
SCHOPFHEIM
Herrischried
Görwihl
Weilheim
Ruine Gutenburg
TIENGEN
WEHR
Erdmannshöhle
Rickenbach
WALDSHUT
Lauchringen
Küssaberg
Albbruck
LAUFENBURG (Baden)
BAD SÄCKINGEN
Holzbrücke Bad Säckingen
RHEINFELDEN
Möhlin
Murg
KLINGNAU
BAD ZURZACH
Döttingen
Böttstein
Würenlingen
Untersiggenthal
Frick
Eiken
Zeiningen
Magden

TOUREN-STECKBRIEF

BASISORT

Schopfheim im Wiesental (47.64909, 7.81799)

STRECKENLÄNGE

ca. 294 km

DAUER DER TOUR

8 Stunden

ROADBOOK

Schopfheim, Gersbach, Wehratal, Wehr, Rickenbach, Bad Säckingen, Görwihl, Schlüchttal, Birkendorf, Rothaus, Bonndorf, Wutachmühle, Bumberg, Eisenbach, Neustadt, Lenzkirch, Schluchsee, Sankt Blasien, Bernau, Todtmoos, Schönau, Neuenweg, Schopfheim

HIGHLIGHTS

Das Highlight dieser Tour ist die Topographie. Zahlreiche Kurven, bergauf und bergab, versetzen die Fahrer geradezu in einen Rausch. Es gibt aber auch hier zahlreiche touristische Sehenswürdigkeiten. Ein Besuch der badischen Staatsbrauerei Rothaus (47.79538, 8.24711) und des dazugehörigen Gasthofs sei hier besonders hervorgehoben. Desweiteren sind ein Halt am Heimatmuseum Hüsli (47.79395, 8.24756), besser bekannt als „Wohnhaus von Dr. Brinkmann“ sowie am Dom in Sankt Blasien (47.76032, 8.12911) zu nennen. Weitere Highlights: Die Fahrt mit der Museumsbahn „Sauschwänzle“ (47.83784, 8.55636) oder Donaueschingen inklusive eines Besuchs der Donauquelle, der zahlreichen Museen sowie des Fürstlich Fürstenbergischen Schlosses.

Im Wiesental verstecken sich die Häuser gerne unterhalb der Straße.

Der Südschwarzwald steht neben Kurven, Speck und Kirschtorte auch für Biere. Einer der Werbeslogans lautet: „Wie sie es so gebraut keine Zweiten gibt“. Über den Schwarzwald hinaus bekannt dürften Marken wie Fürstenberg oder Rothaus Tannenzäpfle sein. Diese regionalen Bierspezialitäten gehören sogar in Metropolen wie Berlin oder Hamburg zur gepflegteren Bierkultur.

Diese Tour wird uns unter anderem durch den unbekannten Hotzenwald zur Rothausbrauerei führen, wo wir mit etwas Glück an einer Brauereiführung teilnehmen können. Auf jeden Fall werden wir in der urigen Brauereigaststätte zu Mittag essen,

bevor wir uns die Museumsbahn Sauschwänzlebahn und anschließend noch die Donauquelle in Donaueschingen anschauen werden.

Zur begrifflichen Aufklärung: Süd- und Hochschwarzwald sind nicht deckungsgleich. Der Hochschwarzwald umfasst über den Südschwarzwald hinaus auch noch den höchsten Teil des Mittleren Schwarzwaldes. Wir lassen die Grenzen tourenübergreifend oft aber etwas großzügig fließen.

Kurvenrausch

Unser heutiger Tag beginnt, nach einem leckeren Frühstück in unserem Hotel in Wiechs, wie immer mit dem obligatorischen Tankstopp an der B317 in Schopfheim. Was dann folgt ist an Genialität nicht zu überbieten: Über zwölf Kilometer windet sich die K6352 aus dem Wiesental hoch ins Golddorf Gersbach. Keine Gerade ist hier länger als 200 Meter. Wir fahren uns in einen regelrechten Kurvenrausch, so genießen wir den Flow dieser Strecke. Mit zunehmender Höhe wird auch die Aussicht immer spektakulärer.

Kurz vor Gersbach halten wir an und genießen das Alpenpanorama. Nach einer kurzen Pause geht es wieder weiter. In engen Kehren zieht sich die Straße nun steil ins Wehratal hinab. In Todtmoos-Au haben wir den Talgrund erreicht. Wir nehmen die Abzweigung nach Wehr und folgen dem Lauf der Wehra durch ihr Tal flussabwärts. Das Tal wird zusehends enger. Bald schon schlängelt sich die Straße direkt am Fluss, durch die hier bis zu 400 Meter tiefe Schlucht. Deren

Entlang einer Schlucht im Wehratal.

Hotzenwald im Osten der Region.

Ende markiert der Wehratal-Stausee, einer von fünf Staustufen des Pumpspeicher Kraftwerks der Schluchseewerk AG.

Durch den Hotzenwald

In Wehr, unterhalb des Stauwehres gelegen, beginnt dann schon der Kurventanz hinauf auf den Hotzenwald. Dieser südlichste Ausläufer des Schwarzwaldes protzt nicht mit bekannten Sehenswürdigkeiten und Tourismusangeboten wie andere Gegenden. Für Kenner ist er allerdings ein Paradies zum Motorradfahren. Empfohlen sei ein kurzer Abstecher von Willaringen über die Eggbergrennstrecke hinunter an den Rhein nach Bad Säckingen – und dort ein Besuch der Altstadt sowie der historischen Rheinbrücke.

Weiter geht es über den aussichtsreichen Hotzenwald nach Osten. Über Rickenbach und Görwihl erreichen wir das Albtal, welches wir hier nur queren. Leider ist die geniale Strecke durch das Albtal mit seinen fünf Naturtunneln seit einem Steinschlag auf unbestimmte Zeit gesperrt. Wir queren bei Waldhaus die B500, welche sich, beginnend in Waldshut, einmal komplett durch den Schwarzwald bis nach Baden-Baden zieht.

Mit der Querung des Albtals verlassen wir den Hotzenwald auch schon wieder. Das nächste Tal wartet bereits. Ähnlich dem Wehratal zieht sich jetzt die Straße wieder direkt am Wasserlauf der Schlucht durch das schmale Tal. Einige Kurven winden sich um schöne Felspassagen. Die Strecke ist recht flüssig zu fahren. Wir genießen den Streckenabschnitt sichtlich.

EXTRA-TIPP

Was wäre der Schwarzwald ohne seine Narren? Die Schwarzwälder Fasnet auch im Sommer zum Greifen nahe! Geht das? Ja, in Miniatur!
In den weithin bekannten Schlossnarrenstuben im **SCHLOSS BONNDORF** (**GPS** 47.819, 8.342) bietet das Museum ein breites Spektrum an Masken und Puppen der traditionsreichen allemannischen Fasnet. Bewundernswert ist hier natürlich auch der „Pflumenschlucker“, die berühmte Narrenfigur, nach der sich auch die Bonndorfer Narrenzunft benennt.

Das Haus des Doktors

Von Ühlingen-Birkendorf sind es nur noch ein paar Kilometer bis Grafenhausen und der Rothausbrauerei. Kurz nach Grafenhausen finden wir rechts das Heimatmuseum Hüsli, das ehemalige Haus der Konzertsängerin Helene Siegfried. Den meisten sollte es zudem noch als „Wohnhaus von Dr. Brinkmann“ seines Zeichens Chefarzt in der TV-Fernsehserie „Die Schwarzwaldklinik“ bekannt vorkommen.

Als nächstes sticht uns die Skulptur der zwei überdimensionalen Tannenzapfen des neu gestalteten Rothauskreisels ins Auge. Wir stehen vor der Badischen Staatsbrauerei Rothaus.

Modernste Brautechnik in altehrwürdigen Mauern: Brauerei-Rothaus.

Im Schwarzwald mag man es deftig.

Auf dem für Motorräder überdachten Parkplatz stellen wir unsere Maschinen ab und besuchen die bereits gut gefüllte Gaststube des Brauereigasthofs. Zum Glück hatten wir reserviert, und so werden wir von einer netten Servicekraft direkt an unseren Tisch geleitet.

Das Speisenangebot ist gut bürgerlich bis deftig: Es findet sich ein reichhaltiges Angebot von der Schweinshaxe bis zu Wild aus heimischer Jagd auf der Speisekarte. Ein kurzer Besuch nach dem Essen im hauseigenen Souvenirshop gehört hier zum Pflichtprogramm. Die nächste Brauereiführung beginnt leider erst in zwei Stunden. Das dauert uns zu lange.

Zur Wutachschlucht

Nach diesem willkommenen Zwischenstopp sitzen wir bald schon wieder auf unseren Motorrädern und fahren entspannt über Bonndorf in Richtung Wutach. Auf dem Weg dorthin befindet sich der Werksverkauf von Adler-Schinken. Die Wutachschlucht durchqueren wir beim Kiosk Wutachmühle an ihrem südlichen Einstieg. Hier befinden wir uns am östlichen Rand des eigentlichen

Schwarzwaldes: dem Schwarzwald-Baar-Kreis. Der Übergang ist fließend, Donaueschingen auf der Baar wird unser östlichster Wendepunkt, bevor wir wieder in Richtung Hochschwarzwald zurückfahren.

Von der Wutachmühle weg, geht es ein Stück entlang der Wutach. Die Schlucht selbst ist nur zu Fuß erreichbar. Die wenig befahrene K5743 führt reizvoll entlang des kleinen Flüsschens zuerst nach Blumberg und von dort nach Blumberg-Zollhaus, dem Heimatbahnhof der historischen Dampfeisenbahn Sauschwänzlebahn. Die Fahrt mit der von einer Dampflok gezogenen Bahn ist bestimmt ein tolles Erlebnis.

Die Donauquelle in Donaueschingen.

Die Fürstlich Fürstenbergische Brauerei in Donaueschingen.

Vom Bahnhof Blumberg-Zollhaus sind es nur noch wenige Kilometer bis Donaueschingen. Der Schlosspark hier ist dank Navi schnell gefunden. Wir stellen unsere Maschinen auf dem Parkplatz vor dem Café Reiter ab. Von dort machen wir uns zu Fuß auf in den Park zur Donauquelle. Ob die hier gefasste Quelle tatsächlich die „richtige" Donauquelle ist, darüber gehen die Meinungen weit auseinander. Fakt ist auf jeden Fall, dass hier die beiden Quellflüsse Brigach und Breg zusammentreffen und fortan als Donau ins Schwarze Meer hin abfließen.

Europäischer Hochadel

Neben der Donauquelle gibt es hier aber noch weitere Highlights: Sowohl die Innenstadt mit den Jugendstil-Gebäuden, als auch die Museen wie das Zunft-Museum mit alten Donaueschinger Hanselhäser und Gretletrachen, das Kinder- und Jugendmuseum und das Museum Art.Plus sind sehenswert. Prägend für das Stadtbild ist aber das Fürstlich Fürstenbergische Schloss, dass seit 2002 wieder der Wohnsitz dieses alten deutschen Adelsgeschlechts ist. Die fürstlichen Sammlungen, in denen sich auch Napoleons Reiseurinal befindet, sind am Karlsplatz zu besichtigen. Und natürlich die sich stolz aus dem Stadtbild erhebende Fürstlich Fürstenbergische Brauerei.

Adels-Exkurs

Ein kleiner Exkurs zum Thema Adelshäuser sei hier gestattet? Am 11. Juni 2011 heiratete Prinz Antonius, jüngster Sohn von Fürst Heinrich zu Fürstenberg, die italienische Gräfin Matilde Borromeo, die Halbschwester von Beatrice Borromeo, die selbst vier Jahre später Pierre Casiraghi, den jüngsten Sohn von Caroline von Hannover, ehelichte.

Nach der Besichtigung der „Donauquelle“ und dem obligatorischen Kaffee im Café Reiter, vor dem wir unsere Motorräder geparkt haben, nehmen wir Kurs zurück in den Hochschwarzwald. Über schöne kleine Straßen

Auf dem Weg zum Schluchsee (oben), der bei Bikern äußerst beliebt ist (unten).

Pause am Bikertreff am Schluchsee.

mit wenig Verkehr lotst uns das Navi durch den Südschwarzwald. Wir genießen die Landschaft während wir herrlich kurvig durch den Schwarzwald schwingen.

Über Neustadt und Lenzkirch erreichen wir bald schon den Windgfellweiher und kurz darauf den Schluchsee. Wer den Schluchsee nicht besuchen möchte, kann von dem Weiler Aha über die Äulemer Kreuz Passhöhe nach Sankt Blasien fahren.

Schnelle Badepause

Der Windgfellweiher lädt mit seinem schönen Naturstrandbad zu einer Badepause ein. Anschließend nehmen wir die in diesem Abschnitt vielbefahrene B500 und umfahren den Schluchsee bis zur Staumauer. Der dortige Parkplatz mit Kiosk ist während der Motorradsaison sonntags immer ab zehn Uhr ein beliebter und damit stark frequentierter Motorradtreff.

Nach einigen Benzingesprächen setzen wir unsere Fahrt auf der B500 nach Sankt Blasien fort. Dort wollen wir uns den Dom des ehemaligen Benediktiner Klosters mit seinem interessanten Kuppelbau etwas näher anschauen. Außerdem lockt uns die Aussicht auf ein leckeres Eis im Eiscafé Venezia gegenüber des Doms.

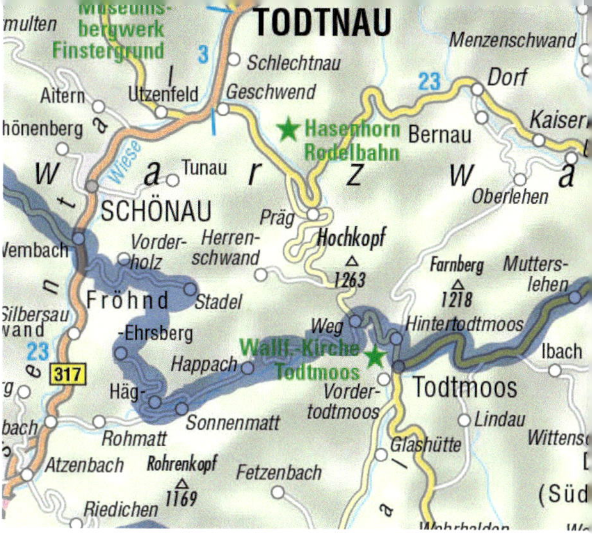

Zurück in den Süden

Der Kuppelbau der Klosterkirche ist schwer beindruckend, unser Eiskaffee allerdings auch. Nach dieser kühlen Erfrischung folgen wir dem Hochtal der Jungen Alb in Richtung Bernau. Von dort nehmen wir die L146 hinüber nach Todtmoos. Über den kleinen St. Antöni-Pass kommen wir von Todtmoos wieder zurück ins Wiesental. Die schmale Straße zieht sich schön kurvig und mitunter aussichtsreich vom Pass ins Tal hinab.

Bei der Häger Mühle biegen wir rechts ab und fahren über Häg auf der extrem kurvigen Straße hinauf nach Ehrsberg. Von hier geht es über ein weiteres kleines Traumsträßchen mit sagenhaftem Panorama und Tiefblick ins Große Wiesental wieder hinab nach Schönau. In einer Spitzkehre sehen wir rechts die unter Denkmalschutz stehende Fröhnder Klopfsäge von 1808.

Auch der Albstausee bei St. Blasien ist einen Halt wert.

Am Ortseingang von Schönau-Wembach nehmen wir den Abzweig links hinüber nach Neuenweg. Wir verlassen das große Wiesental über den „Hau" recht kurvig. Durch das Kleine Wiesental fahren wir von hier in schönen Schwüngen in Richtung Schopfheim. Die Spätnachmittagssonne taucht das Tal in ein besonderes Licht. Wir sind begeistert. In Tegernau geht es ein letztes Mal in einigen Kehren steil bergauf nach Gresgen.

Die Aussicht von hier oben ist phänomenal, wir genießen die letzten Sonnenstrahlen während unten im Tal schon der Schatten die Dominanz übernommen hat. Über Zell im Wiesental ist es nicht mehr weit bis zurück nach Schopfheim, wo wir bei einem Stiefelbier vor dem Hotel einen spannenden Tag nochmals Revue passieren lassen. ◀

Der weithin sichtbare Dom von Sankt-Blasien.

INFOS ZUR TOUR

CHARAKTERISTIK

Ausgesprochen abwechslungsreiche, auf Grund der Länge recht anspruchsvolle Tour für Kurvenfreaks und Genießer. Enge Täler, die Weite von Hotzenwald und Baar sowie Badevergnügen im Hochschwarzwald. Was will man mehr. Gut essen vielleicht? Kein Problem auf dieser Tagestour.

PÄSSE DER TOUR

Gersbach (908 Meter), Höchst (1028 Meter), Raitenbuch (1042 Meter), Bernauer Kreuz (1084 Meter), St. Antöni (1051 Meter), Hau (817 Meter), Gresgen (694 Meter)

ÜBERNACHTUNG

Hotel-Restaurant Brauerei Walter

Hauptstraße 23, 79761 Waldshut-Tiengen
Hier können Motorradreisende sich von einer leichten, marktfrischen und feinen Küche mit Tages- und Saisonspezialitäten überraschen lassen.
www.brauereiwalter.de
GPS 47.63402, 8.27366

Hotel Schlossmatt

Lettenbündte 5, 79739 Schwörstadt
Das Hotel befindet sich in ruhiger, idyllischer Lage zwischen dem Rhein und dem Dinkelberg.
www.schlossmatt-hotel.de
GPS 47.59209, 7.88618

KOMBINATIONSMÖGLICHKEITEN

Die Tour ist mit 294 Kilometern sicherlich eine tagesfüllende Herausforderung, jedoch bietet sich durch die Nähe zur Schweiz ein Abstecher zum größten Wasserfall Europas, dem Rheinfall in Schaffhausen, geradezu an. Dabei bleibt es dem Tourer selbst überlassen, ob er die vorgeschlagene Route abkürzt, auf zwei Tage aufteilt oder diesen schweizer Ausflug zur eigenen Tour erhebt. Bei Aufteilung auf zwei Tage empfiehlt sich ergänzend ein Besuch am Bodensee mit der Insel Mainau. Mit der Fähre geht es dort vom sehenswerten Konstanz sozusagen im Minutentakt ins nicht minder attraktive Meersburg. Übernachtungstipp an der Tour: Hotel Gasthof Hirschen in Blumberg.

KLIMA | WETTER | REISEZEIT

Das Klima im Schwarzwald ist gemäßigt mit regionalen und jahreszeitlichen Unterschieden. Ob es nun im Südschwarzwald weniger regnet als im Mittel- oder Nordschwarzwald, mag statistisch relevant sein, wird aber für die Urlaubsplanung eher eine untergeordnete Rolle spielen.

Die Wintermonate bieten sich in Höhenlagen mit der entsprechenden Infrastruktur für Skifahrer, Rodler oder Langläufer an, während die motorisierte Zweiradfraktion von April/Mai bis September/Oktober passende Voraussetzungen findet. Dabei ist es, wie in allen Urlaubsgebieten, an Wochenenden und in der Hochsaison voller, wobei sich abseits der touristischen Highlights genügend Ausweichmöglichkeiten finden lassen.

ANREISE

Grundsätzlich gilt, egal aus welcher Richtung die Anreise erfolgt: Die Anbindungen über Autobahnen oder gut ausgebaute Landstraßen in den Schwarzwald sind allesamt sehr gut. Dabei hervorzuheben sind die Autobahnen, die dem Schwarzwald sozusagen einen Rahmen geben. Im Norden ist es die A8 Karlsruhe – Stuttgart, im Westen ist es die A5 Karlsruhe – Basel und im Osten ist es die A81 Stuttgart – Singen. Letztere wird auch als „Spätzlehighway“ bezeichnet. Im Süden verbindet die bekannte und markante B34 Lörrach und Waldshut.

Für alle die von weiter her kommen bietet es sich natürlich an, die Motorräder mittels Hänger oder, wie wir es gerne machen, im kleinen Transporter huckepack mitzunehmen.

Nach wie vor verkehrt auch ein AutoReiseZug nonstop zwischen Hamburg-Altona und Lörrach. Auch dies ist eine entspannte Alternative.

UNTERKUNFT

Im Schwarzwald sind alle Arten von Unterkunftsmöglichkeiten ausreichend vorhanden. Viele Motorradfahrer bevorzugen die gut situierten, wenn oft auch einfacheren Gasthöfe. Diese bieten meist neben dem Logierangebot eine gute Küche an. Einzelzimmerpreise von unter 50 Euro sind hier durchaus keine Seltenheit. Wer es etwas Gediegener haben möchte, hat preislich nach oben eine sehr große Auswahl – ohne dabei die 100-Euro-Marke unbedingt zu überschreiten. Entsprechend variieren die Doppelzimmerpreise je nach Standard pro Person zwischen 30 und 65 Euro.

Der über mehr als nur einige Jahrzehnte geprägte Tourismus deckt natürlich mit guten und feinen Hotels auch das Spektrum einer anspruchsvollen Klientel gut ab. Umgekehrt ist es für den Liebhaber von Freiluftunterkünften kein Problem einen optimal gelegenen Campingplatz zu ergattern.

Ganz stark im Vormarsch ist inzwischen auch der Agrotourismus, sprich das Wohnen auf dem Bauernhof.

BIKERTREFF

Zur Großen Tanne

GPS 48.62914, 8.20749

Direkt an der Schwarzwaldhochstraße, genauer zwischen Bühlertal und der Schwarzenbach-Talsperre, befindet sich der beliebte Treffpunkt. Der Wirt selbst lässt es sich nicht nehmen, die eine oder andere Biker-Veranstaltung zu organisieren.

Seibelseckle

GPS 48.59629, 8.21758

Südlich von der Großen Tanne, aber ebenfalls direkt an der Schwarzwaldhochstraße, liegt diese kleine idyllische Rasthütte. Ideal für den Zwischenstopp.

Staumauerkiosk | Schwarzenbachtalsperre

GPS 48.65299, 8.32921

Unmittelbar über der großen Staumauer der Schwarzenbachtalsperre und mit entsprechend gutem Blick auf diese befindet sich der kleine Staumauerkiosk.

Parkplatz Schluchsee | Staumauer

GPS 47.79887, 8.18282

Zwangloser, informeller Motorradtreff am Staumauer-Kiosk immer sonntags ab 10 Uhr. Immer gut besucht! Geschwindigkeitsbeschränkungen auf der B500 bei der An- und Abfahrt werden gerne kontrolliert.

Holzschlägermatte | Schauinsland-Rennstrecke

GPS 47.915, 7.881

Dieses beliebte Höhengasthaus liegt hervorragend an der Schaukurve im oberen Bereich der Strecke. Gut bürgerliche, empfehlenswerte Küche. Hervorzuheben ist der große Treff jeweils am Freitagnachmittag.

Hexenlochmühle

GPS 48.00940, 8.13982

Kein Motorradtreffpunkt im eigentlichen Sinn aber bei Motorradfahrern überaus beliebtes Ziel für eine Pause – wunderbar direkt am Heubach sitzen. Empfehlenswert ist die hausgemachte Schwarzwälder Kirschtorte. Gut bürgerliche Küche bei gutem Preis Leistungsverhältnis. Im Shop können neben allen erdenklichen Souvenirs auch schwarzwälder Wurst und Speckspezialitäten so wie original Tannenhonig gekauft werden. Alle Produkte stammen aus der Region.

Andy's Pfeffermühle

GPS 47.82901, 7.94763

Direkt an der Talstation der Hasenhorn Coaster Sommerrodelbahn mitten in Todtnau befindet sich dieser weit über die Grenze des Schwarzwaldes hinaus bekannte Bikertreff. Jeden Sonntag

10-14:30 Uhr XXL Bikerbrunch, all you can eat, sehr preisgünstig.

Gasthof und Café Seeheiner

GPS 48.54924, 8.48686

Beim weithin bekannten Seeheiner wird jede Einkehr zum Erlebnis. Das wunderschöne Gasthaus mit seinem auf Biker zugeschnittenem Angebot befindet sich in einmaliger Lage direkt an der Seemitte des Nagoldtal-Stausees, Seewald im Landkreis Freudenstadt. Die direkt am Biergarten gelegene große Motobike-Area, entpuppt sich zur Sommerzeit zeitweise als die Motorrad-Galerie der Region.

Literatur | Reiseführer | Karten

Weitere Tourenvorschläge gibt es im TOURENKARTEN SET DEUTSCHLAND SÜD-WEST aus dem TVV TOURISTIK VERLAG. Das Set besteht aus jeweils acht Tourenkarten und kostet 16,95 Euro. Auf jeder Karte gibt es bis zu fünf verschiedene Tourvorschläge, die auf der Rückseite des Kartenblatts eingehend beschrieben sind. Darüber hinaus lassen sich die robusten Karten aber auch bestens als Straßenkarten für die Planung und auch unterwegs benutzen.

Die Karten sind beidseitig foliert und so gegen Wasser und Verschmutzung geschützt. Reißfest sind sie noch dazu. Außerdem kommen sie in einer handlichen Kunststofftasche, die zusätzlichen Schutz bietet. Durch die Verwendung von Mikrofolie anstelle des sonst üblichen steifen Laminats bleiben die Karten hoch-flexibel und bestens faltbar. Damit lassen sie sich in jeder gewünschten Ansicht etwa im Kartenfach eines Tankrucksacks integrieren. Maßstab der Karten 1:300.000.

ISBN 978-3-937063-19-5

Klein und handlich ist die MOTORRADKARTEN-BOX DEUTSCHLAND SÜD-WEST von Biker Betten im TVV TOURISTIK VERLAG. Für 9,95 Euro gibt es die ultimative Kartenbox mit acht informativen Papierkarten zu den schönsten Motorrad-Regionen der beiden Inseln. Alle Karten stellen jeweils fünf eingezeichnete und beschriebene Touren vor und weisen natürlich auch auf an den Routen liegende Unterkünften für Motorrad-Reisende hin.

ISBN 978-3-937063-29-4

Aichelberg 66
Aichhalden 117
Albtal 4, 25, 26, 29, 35
Alexanderschanze 63, 67, 97
Allerheiligen 48, 49, 60
Alpirsbach 85, 87, 90
Altensteig 77
Äulemer Kreuz 174
Badenweiler 133, 135, 136, 161
Bad Herrenalb 23, 24, 25, 27, 29, 35
Bad Liebenzell 33
Bad Peterstal-Griesbach 60, 63, 64, 85, 87, 94
Bad Rippoldsau-Schapbach 87, 92
Bad Säckingen 168
Bad Teinach-Zavelstein 23, 33
Bad Wildbad 23, 24, 31, 34, 39, 40, 51, 55, 56, 57, 66, 67, 69, 71, 72, 73, 75, 76, 82
Baiersbronn 50, 53, 56, 63, 65
Bärental 143
Belchen 149, 159, 160, 161
Bernauer Kreuz 177
Besenfeld 56, 67
Bettenhausen 87
Biberach 103, 113
Bregtal 140
Brigach 58, 142, 172
Britzingen 149, 153
Bruderhalde 143
Bühl 39, 42, 43, 44
Bühlertal 42, 44, 179
Bürgeln 149, 151, 152
Calmbach 24, 32, 34, 73
Calw 31, 34, 35, 73
Dauchingen 55, 117, 119
Deißlingen 119
Dettingen 71, 81
Dießener Tal 81
Dobel 23, 24, 35
Dollenberg 92, 93
Donaueschingen 142, 165, 167, 171
Dornhan 83, 87, 91
Dreisamtal 137
Durbach 39, 42, 44, 48, 51
Dürenmettstetten 87, 91, 95
Elz 58, 108, 110
Elzach 101, 103
Endenburg 150
Engelsbrand 23, 32
Enzklösterle 34, 39, 71, 81, 82
Enz-Nagold-Platte 28, 34, 35, 69, 83
Enztal 35, 40, 56, 72, 95
Epfendorf 117
Erdmannsweiler 117
Erzgrube 39, 55, 66, 71, 81, 82, 181
Eschbachtal 137
Ettlingen 29, 31
Feldbergpass 143, 145
Fischbach 59, 117
Flourn 123
Fluorn Winzeln 55
Forbach 39, 41
Frauenalb 23, 29, 30, 31
Freiamt 99, 101, 111, 112, 113
Freiburg 3, 15, 56, 58, 106, 138, 147, 149, 150, 153, 156, 157, 158, 159
Freudenstadt 53, 55, 56, 57, 58, 67, 69, 72, 81, 85, 87, 90, 92, 181
Furtwangen 3, 18, 99, 101, 108, 113, 131, 133, 140, 141, 142
Gaggenau 26
Gaishöll 44, 45
Gaistal 25, 27, 31
Gengenbach 101, 113
Gernsbach 39, 41, 44
Gersbach 165, 167, 177
Glatten 87, 92
Glottertal 101, 111, 113
Görwihl 165, 168
Göttelfingen 71
Gresgen 177
Grösseltal 31, 32, 35
Gutach im Breisgau 101, 103, 110, 126
Häg 175
Haiterbach 71, 77
Halbmeil 55
Hammereisenbach 142
Haslach 87, 95, 103
Hau 177
Hausach 87, 95
Heselbach 50
Höchst 177
Höfen 24
Hofsgrund 137, 158
Hofstett 76
Hoher Geisberg 101
Holl 135
Holzbachtal 31, 35
Holzbronn 21, 23, 33, 34
Horb 77, 80
Hornberg 61, 67, 101, 106, 107, 115, 117, 125, 126, 127
Hünersedel 111
Igelsberg 50
Igelsloch 33
Kaltbrunn 90
Kaltenbronn 39, 40, 51
Kandel 101, 110, 113
Kandern 149, 150, 152
Kappelrodeck 39, 49
Karlsruhe 14, 26, 31, 178
Kehl 51, 58
Kinzig 58, 85, 89, 95, 96
Kinzigtal 5, 15, 16, 62, 89, 95, 129
Kirchausen Lehnacker 150
Kirchzarten 137, 158
Kleine Wiesental 134, 150, 176
Klosterreichenbach 39
Kniebis 5, 87, 90, 92, 97, 129
Königsfeld 117, 118, 119
Kreuzweg 136, 145
Lahr 101, 102, 113
Laufen 153
Lauterbach 117, 126
Lehengericht 62
Leinstetten 87, 91
Lenzkirch 165, 174
Linachtalsperre 142
Lindenhof 117
Lipple 135, 145
Loffenau 25
Loßburg 55, 58, 87, 91, 96
Magrutshäusle 142
Markgräferland 147
Marxzell 23, 28, 29, 30, 31, 35
Mehliskopf 39, 42
Meistern 69, 72, 76
Mitteltal 9, 65, 66
Mönchweiler 117, 127
Münstertal 136, 137, 158
Murgtal 15, 25, 41, 66
Nagoldtalsperre 2, 50, 65, 66
Nationalpark Schwarzwald 57

Naturpark Schwarzwald Mitte/Nord 19, 73
Neubulach 34
Neuenbürg 31
Neuneck 92
Neusatzeck 39
Neustadt 165, 174
Neuweiler 23, 34, 76
Niedereschach 55, 58, 117, 119
Nordrach 93
Nussbach 39, 48
Obereschach 115, 117, 118, 128
Oberkirch 39, 49
Oberlengenhardt 33
Obermünstertal 136
Oberndorf 115, 117, 123
Oberndorf am Neckar 123
Oberprechtal 117, 127
Oberried 137, 158
Obertal 49, 66
Obertal-Buhlbach-Schliffkopf 66
Oberwolfach 92
Offenburg 43, 102, 103, 141
Ortenau 37, 39, 42, 43, 51
Ortenberg-Offenburg 43
Pfaffenberg 149, 160
Pforzheim 14, 31, 58, 72
Poppeltal 55, 71, 81
Präg 144
Präger Gletscherkessel 144
Raitenbuch 177
Raumünzach 39, 41
Reinerzau 87
Renchtal 63, 97
Rheintal 135, 150
Rickenbach 165, 168
Ringelbach 39, 49
Rodther Höhe 58
Rohrhardsberg 117, 127
Rötenberg 117, 123
Rottweil 3, 115, 117, 119, 120, 122, 124
Ruhestein 49, 53, 55, 60, 63, 65
Sankt Blasien 165, 174
Sankt Roman 62
Sasbachwalden 39, 42, 45, 47, 48
Schabenhausen 117
Schauinsland 17, 136, 137, 138, 145, 147, 149, 150, 157, 158, 161, 180
Scheideck 150, 161
Schenkenburg 89
Schenkenzell 89, 90
Schlechtbacher Höhe 160, 161
Schlehengäu 35, 83
Schluchsee 3, 19, 165, 168, 173, 174, 180
Schmalbach 39
Schollach 142
Schömberg 33
Schonach 10, 117, 127
Schönau 147, 149, 160, 165, 175
Schönwald 55, 59, 60, 101
Schopfheim im Wiesental 133, 149, 165
Schopfloch 71, 81
Schorrental 66
Schramberg 115, 117, 122, 123, 124, 125, 127, 129
Schuttertal 101, 102, 112, 113
Schwäbische Alb 3, 67, 91, 115, 118
Schwanner Warte 31, 35
Schwarzenberg 33, 65
Schwarzwald-Baar 55, 58, 67, 115, 127, 129, 171
Schwarzwaldhochstraße 37, 42, 51
Seelbach 102
Siehdichfür 33
Simmersfeld 34
Simonswald 101, 108, 109
Simonswäldertal 110, 113
Singen 14, 103, 141, 178
Stadelhofen 39, 48
St. Antöni 175, 177
Staufen 49, 153, 156, 158, 161
Steinach 103
Sterneck 87
St. Georgen 106, 107, 117, 127
St. Johannis-Breite 151
St. Märgen 133, 137
Stohren 136, 145
St. Peter 133, 137
Straßburg 156
Straubenhardt 23
Sulgen 117
Sulz am Neckar 71, 91
Talheim 77
Tegernau 135, 176
Teufelsmühle 23, 25, 26
Titisee 15, 131, 133, 134, 142, 143
Titisee-Neustadt 142
Todtmoos 133, 144, 165, 167, 175
Todtnau 133, 144
Tonbach 50, 65, 66
Triberg 10, 13, 55, 56, 60, 61, 67, 99, 101, 106, 107, 113, 117, 127
Ühlingen-Birkendorf 169
Unterstmatt 39
Utzenfeld 144
Villingendorf 123
Villingen-Schwenningen 56, 115, 118, 127, 129
Vogesen 40, 135, 140, 152, 159
Vogteiturm 58
Vorderlehengericht/Schiltach 87, 97
Waldachtal 71, 81, 83
Waldkirch 110
Waldshut 168, 177
Wehratal 144, 167, 169
Weilersbach 128
Weißenbachsattel 144, 145
Wiechs 134, 145, 150, 167
Wiedener Eck 149, 158, 159, 161
Wiedenfels 42
Wildberg 23, 31, 35
Wildgutachtal 108
Willaringen 168
Wolfach 17, 56, 83, 87, 89, 96
Wörnersberg 71
Würzbach 23, 34
Zell am Harmersbach 87, 94
Zell Atzenbach 160
Zieflesberg 23
Zunsingen 153

FOLYMAPS MOTORRADKARTEN DEUTSCHLAND

Das FOLYMAPS Motorradkarten-Set Deutschland besteht aus insgesamt zwölf laminierten Tourenkarten, die im perfekten Tourenmaßstab 1:300.000 ganz Deutschland abdecken.

Die beidseitig laminierten und bedruckten Einzelblätter geben auf Vorder- und Rückseite jeweils perfekten Überblick über die Strecken der abgebildeten Regionen. Dabei wurde bewusst auf die eingedruckten Routenvorschläge verzichtet. Die Kartenbox Deutschland soll vielmehr als Grundlage fürs eigene Navigieren dienen. Durch das Laminat sind die Karten wetterfest, reißfest sowie mir einem wasserlöslichen Stift beschreibbar. So lassen sich eigene Routen und Anmerkungen eintragen und später wieder entfernen. Kurzum: perfekt für unterwegs!

Da die Karten nicht einfach nur laminiert, sondern stattdessen in weicher Mikrofolie eingeschlossen sind, bleiben sie hochflexibel und sind somit individuell faltbar, sodass sich die Karten problemlos im Kartenfach eines Tankrucksacks verstauen lassen, wo sie jederzeit griffbereit sind.

ISBN 978-3-937063-20-1 EUR 19,95

ISBN 978-3-937063-19-5 EUR 16,95

TOURENKARTEN-SET DEUTSCHLAND SÜD-WEST

Die FOLYMAPS Tourenkarten-Sets im Maßstab 1:300.000 sind ein echtes Must-have für jeden, der gerne „on Tour" ist.

Das Set besteht aus insgesamt acht Tourenkarten und weist bis zu fünf verschiedene Tourenvorschläge zur jeweiligen Region auf, die auf der Rückseite der Karten ausführlich beschrieben sind. Auch zahlreiche motorradfreundliche Hotels sind auf der Rückseite zu finden und ersparen dem oder den Reisenden damit die lange Suche nach einer Übernachtungsmöglichkeit während der Tour.

Die Karten erweisen sich nicht nur bei der Planung als starke Helfer. Sie trotzen dank ihrer Folierung, Schmutz, Dreck und Wasser und sind somit bestens geschützt. Zudem sind sie hochflexibel und somit individuell faltbar, sodass sie sich problemlos im Kartenfach eines Tankrucksacks verstauen lassen.

Geliefert werden die Tourkarten-Sets in einer sehr handlichen Kunststofftasche, die zusätzlichen Schutz vor äußeren Einflüssen bietet.

BIKER-WEEKENDS DEUTSCHLAND

Getreu Goethes Motto „Warum in die Ferne schweifen, wo doch das Gute liegt so nah …“, erreicht Deutschland schon seit Jahren Spitzenwerte als (Motorrad-) Reiseziel. Das eigene Land ist und bleibt das mit Abstand beliebteste Urlaubsziel.

In 15 der spannendsten heimischen Regionen sind jeweils drei Touren, die sich perfekt als lohnenswerte Motorradwochenenden aneinanderfügen lassen, zusammengestellt. Es sind nicht irgendwelche Strecken, sondern die Insidertipps ausgewählter BikerBetten-Partner. Deren Häuser sind nicht nur jeweils Start- und Zielpunkt für die beschriebenen Routen, sondern auch perfekt auf die Ansprüche Motorradfahrender Gäste ausgerichtet.

Jeweils 3 ausführliche beschriebene Motorradtouren zum Nachfahren in 15 der spannendsten Regionen Deutschlands. Individuell zusammenstellbar für das Motorradwochenende – oder auch die Tour unter der Woche – mit:

- vielen Insidertipps des Autoren
- ausführlichem Kartenmaterial mit eingezeichneter Route
- praktischen Hinweisen zu Streckenlänge, Etappen, Charakteristik und den beliebtesten Attraktionen – nicht nur für Motorradfans
- Hotels, die sich auf Motorradfahrende Gäste freuen
- GPS-Daten zum Download

ISBN 978-3-937063-50-8 EUR 22,95

ALLGÄU

Im prachtvollen Zentrum Immenstadts reiht sich ein historisches Bauwerk ans ndere.

10

Kleiner Grenzverkehr

Tour 1

Klarer Fall – wer mit dem Motorrad ins Allgäu fährt, kommt nicht zum gemütlichen Cruisen. Kurven müssen her. Und Pässe. Je mehr desto besser. Deshalb sollte man keine Zeit vertrödeln und sofort am ersten Tag des Allgäu-Wochenendes, dem Freitag, mit dem vollen Programm beginnen: Kurven, Kehren, Schräglagen. Quasi als „Appetizer“ für windet (oder besser gesagt: zackt) sich hinauf bis auf 1420 Meter Höhe. Das gleiche Spiel auf der Abfahrt. Mein lieber Mann, da ist das Frühstück ganz schnell verdaut!

Noch mit klopfendem Herzen rollen wir hinterher durch den Wintersportort Sonthofen, dessen alte Bausubstanz im Zweiten Weltkrieg fast vollständig zerstört wurde, da die dort

Das Zentrum von Immenstadt bietet sich für Pausen an.

die kommenden beiden Tage. Perfekt dafür eignet sich die Runde diesseits und jenseits der Grenze zwischen Sonthofen und dem Bodensee. Kernige Motorradsträßchen wechseln sich ab mit ruhigen Zwischenetappen, auf denen auch die Kultur nicht zu kurz kommt.

Zeit zum Wachwerden bleibt nicht, denn gleich hinter Balderschwang geht es zur Sache – die Riedbergstraße stationierten Gebirgsjäger ein Dauerziel alliierter Bombenangriffe waren. Von Immenstadt steht glücklicherweise noch fast alles, was beim Durchqueren der alten Tuchmacherstadt gut zu sehen ist: Ein historisches Bauwerk steht am anderen, besonders zu erwähnen sind die Pfarrkirche, das Rathaus und das Stadtschloss.

Glanzstück Immenstadts ist jedoch der Alpsee. Wie ein dunkelblauer Tin-

11

MALLORCA

Der Deutschen liebste Insel wird mitunter scherzhaft auch als 17. Bundesland bezeichnet. Doch erst abseits des berühmt-berüchtigten Ballermanns zeigt die größte Balearen-Insel, was wirklich in ihr steckt.

Mallorca ist von dem breiten Gebirgszug Serra de Tramuntana durchzogen. Wer sich dort auf die kleinen Straßen wagt, wird mit schwindelerregenden Kurven belohnt. Die Hügellandschaft Serra de Lievant ist deutlich niedriger, deshalb aber nicht weniger spektakulär, und auch die Täler im Inselinneren begeistern Motorradreisende mit ihren meisterlich angelegten Kurvenstraßen.

Acht ausführliche beschriebene Motorradtouren zum Nachfahren für den Kurztripp oder die längere Reise mit:

- vielen Insidertipps des Autors
- ausführlichem Kartenmaterial mit eingezeichneter Route
- praktischen Hinweisen zu Streckenlänge, Etappen, Charakteristik und den beliebtesten Attraktionen – nicht nur für Motorradfans
- Hotels, die sich auf Motorradfahrende Gäste freuen
- GPS-Daten zum Download

ISBN 978-3-937063-51-5 EUR 22,95

SARDINIEN

In eurem Motorradurlaub möchtet Ihr euch so richtig schwindelig fahren? Dann seid Ihr in dieser Region mehr als perfekt aufgehoben. Ganz egal, wohin man von einer schmalen Départementstraße in die nächste abbiegt:

Hinter jeder Ecke warten berauschende Kurven, griffiger Asphalt und einzigartige Naturspektakel.

Hinzu kommen einige der höchsten befahrbaren Straßenpässe Europas sowie die legendäre Alpenstraße Route des Grandes Alpes.

Zehn ausführlich beschriebene Motorradtouren zum Nachfahren für einen Kurztrip oder die längere Reise mit

- vielen Insidertipps des Autoren
- ausführlichem Kartenmaterial mit eingezeichneter Route
- praktischen Hinweisen zu Streckenlänge, Etappen, Charakteristik und den beliebtesten Attraktionen – nicht nur für Motorradfans
- Hotels, die sich auf Motorradfahrende Gäste freuen
- GPS-Daten zum Download.

ISBN 978-3-937063-53-9 EUR 22,95

ISBN 978-3-937063-49-2 EUR 22,95

FJORD-NORWEGEN

Die zerklüftete Küste im Südwesten Norwegens wird von den namensgebenden Fjorden, aber auch mächtigen Bergen sowie von Gletschern und hunderten von Wasserfällen geprägt – es ist eine Spielwiese par excellence für alle Motorradfahrer!

Obwohl die Höhe des zentralen Gebirges kaum die 1500-Meter-Marke erreicht, prägt sich dem Reisenden ein Landschaftsbild von hochalpinem Charakter ein. Auf dem Motorrad zu entdecken gibt es abwechslungsreiche Nationalparks, die sich durch dramatische Landschaften erstrecken, sowie einzigartige, von Menschenhand erschaffene Attraktionen.

Zehn ausführlich beschriebene Motorradtouren zum Nachfahren für einen Kurztrip oder die längere Reise mit:

- vielen Insidertipps des Autoren
- ausführlichem Kartenmaterial mit eingezeichneter Route
- praktischen Hinweisen zu Streckenlänge, Etappen, Charakteristik und den beliebtesten Attraktionen – nicht nur für Motorradfans
- Hotels, die sich auf Motorradfahrende Gäste freuen
- GPS-Daten zum Download.

PYRENÄEN

Wie eine gewaltige Mauer trennen die Pyrenäen die iberische Halbinsel vom restlichen Europa ab. Wer vom Mittelmeer aus in das Gebirge fährt, kann sich ganz allmählich in eine Landschaft vortasten, die noch viel mehr zu bieten hat als Gipfel und Grate. Dieses Hochgebirge zwischen Frankreich und Spanien bietet eine Vielzahl von unberührten Strecken auf unterschiedlichsten Höhenmetern. Eine Landschaft, die das Motorradfahrerherz jubilieren lässt!

Zehn ausführlich beschriebene Motorradtouren zum Nachfahren für den Wochenendausflug oder die längere Reise mit:

- vielen Insidertipps des Autoren
- ausführlichem Kartenmaterial mit eingezeichneter Route
- praktischen Hinweisen zu Streckenlänge, Etappen, Charakteristik und den beliebtesten Attraktionen – nicht nur für Motorradfans
- Hotels, die sich auf Motorradfahrende Gäste freuen
- GPS-Daten zum Download

ISBN 978-3-937063-36-2 EUR 22,95

KORSIKA

Die französische Mittelmeerinsel verfügt nicht nur über einen politischen Sonderstatus, sondern auch über eine landschaftliche Vielfalt, die ihresgleichen sucht. Auf nur gut 9.000 Quadratkilometern präsentiert sie sich als Paradies für kurvenhungrige Motorradreisende. Man findet hier bestens ausgebaute Küstenstraßen mit atemberaubenden Ausblicken aufs Meer und im Landesinneren endlose Serpentinen in den Hochgebirgen. Jeder Meter wird auf Korsika zum reinsten Fahrvergnügen...!

Zehn ausführlich beschriebene Motorradtouren zum Nachfahren für einen Kurztrip oder die längere Reise mit:

- vielen Insidertipps des Autoren
- ausführlichem Kartenmaterial mit eingezeichneter Route
- praktischen Hinweisen zu Streckenlänge, Etappen, Charakteristik und den beliebtesten Attraktionen – nicht nur für Motorradfans
- Hotels, die sich auf Motorradfahrende Gäste freuen
- GPS-Daten zum Download.

ISBN 978-3-937063-38-6 EUR 22,95

ISBN 978-3-937063-36-2 EUR 22,95

FRANZÖSISCHE ALPEN

In eurem Motorradurlaub möchtet Ihr euch so richtig schwindelig fahren? Dann seid Ihr in dieser Region mehr als perfekt aufgehoben. Ganz egal, wohin man von einer schmalen Départementstraße in die nächste abbiegt:

Hinter jeder Ecke warten berauschende Kurven, griffiger Asphalt und einzigartige Naturspektakel.

Hinzu kommen einige der höchsten befahrbaren Straßenpässe Europas sowie die legendäre Alpenstraße Route des Grandes Alpes.

Zehn ausführlich beschriebene Motorradtouren zum Nachfahren für einen Kurztrip oder die längere Reise mit:

- vielen Insidertipps des Autoren
- ausführlichem Kartenmaterial mit eingezeichneter Route
- praktischen Hinweisen zu Streckenlänge, Etappen, Charakteristik und den beliebtesten Attraktionen – nicht nur für Motorradfans
- Hotels, die sich auf Motorradfahrende Gäste freuen
- GPS-Daten zum Download.

KROATIEN

ISBN 978-3-937063-37-9 EUR 22,95

Die blau-schimmernde Adria ist schon seit Jahrzehnten einer der Sehnsuchtsorte deutscher Urlauber. Mittlerweile hat sich herumgesprochen, dass Kroatien auch ein mehr als perfektes Bike-Revier bietet.

So kann man von der Jadranska Magistrale, der noch zu Titos Zeiten angelegten Küstenstraße, auf fast 1.000 Kilometern von Norden nach Süden cruisen – gerne mit Inselhopping auf die eine oder andere der angeblich mehr als 1.000 Eilande des Landes. Dazu kommt das spannende Hinterland mit grandiosen Serpentinenstraßen und spektakulären Nationalparks.

Zehn ausführlich beschriebene Motorradtouren zum Nachfahren für einen Kurztrip oder die längere Reise mit:

- vielen Insidertipps des Autoren
- ausführlichem Kartenmaterial mit eingezeichneter Route
- praktischen Hinweisen zu Streckenlänge, Etappen, Charakteristik und den beliebtesten Attraktionen – nicht nur für Motorradfans
- Hotels, die sich auf Motorradfahrende Gäste freuen
- GPS-Daten zum Download.

SLOWENIEN

Das kleine Land an der Schnittstelle von Alpen und Adria wird von Motorradreisenden meist schmählich ignoriert. Wenn überhaupt nutzt man es als Transitstrecke auf den weiteren Weg gen Süden. Dies ist ein großer Fehler!

Mit seiner landschaftlichen Vielfalt muss sich Slowenien vor seinen größeren Nachbarn keinesfalls verstecken. Zu entdecken sind nicht nur wilde Flusslandschaften, sondern auch tolle Passstraßen: Achterbahnfahren ist im Vergleich dazu ein Kinderspiel.

Zehn ausführlich beschriebene Motorradtouren zum Nachfahren für den Wochenendausflug oder die längere Reise mit:

- vielen Insidertipps des Autoren
- ausführlichem Kartenmaterial mit eingezeichneter Route
- praktischen Hinweisen zu Streckenlänge, Etappen, Charakteristik und den beliebtesten Attraktionen – nicht nur für Motorradfans
- Hotels, die sich auf Motorradfahrende Gäste freuen
- GPS-Daten zum Download

ISBN 978-3-937063-36-2 EUR 22,95

DOLOMITEN TRENTINO GARDASEE

Die meisten Motorradfahrer bekommen sofort das gewisse Leuchten in den Augen, sobald sie von diesen Begriffen hören – schließlich verbindet man mit ihnen Spaß mit dem Motorrad auf traumhaften Bergstrecken, herausfordernden Serpentinen, beeindruckenden Gebirgspässen und in großartigen Landschaften. Nur wenige Ecken Europas präsentieren so viele Highlights derart geballt wie diese ganz im Norden des italienischen Stiefels. Aber es sind nicht nur die fantastischen Motorradstrecken, die einen locken: Auch das kulturelle Angebot ist beinahe unvergleichlich.

Zehn ausführlich beschriebene Motorradtouren zum Nachfahren für einen Kurztrip oder die längere Reise mit:

- vielen Insidertipps des Autoren
- ausführlichem Kartenmaterial mit eingezeichneter Route
- praktischen Hinweisen zu Streckenlänge, Etappen, Charakteristik und den beliebtesten Attraktionen – nicht nur für Motorradfans
- Hotels, die sich auf Motorradfahrende Gäste freuen
- GPS-Daten zum Download.

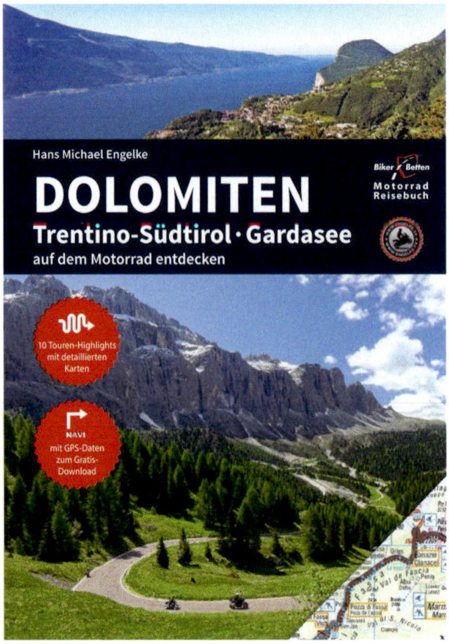

ISBN 978-3-937063-41-6 EUR 22,95

ISBN 978-3-937063-48-5 EUR 22,95

PIEMONT LIGURIEN TOSKANA

Diese drei im Nordwesten Italiens befindlichen Regionen haben nicht nur eine gemeinsame Geschichte, sondern bieten in Kombination auch ein perfektes Revier für ausgedehnte Motorradtouren. So werden die Landschaften von den Ausläufern der Alpen, des Apennin sowie der Po-Ebene geprägt. Kurvenfeuerwerke sind damit in teils noch stattlichen Höhen garantiert. Aber auch Küstenstraßen mit Blick auf das Ligurische Meer sowie einladende Routen durch Weinberge und unzählige mittelalterliche Städte mit viel Kultur können das Bikerherz begeistern.

Zehn ausführlich beschriebene Motorradtouren zum Nachfahren für einen Kurztrip oder die längere Reise mit:

- vielen Insidertipps des Autoren
- ausführlichem Kartenmaterial mit eingezeichneter Route
- praktischen Hinweisen zu Streckenlänge, Etappen, Charakteristik und den beliebtesten Attraktionen – nicht nur für Motorradfans
- Hotels, die sich auf Motorradfahrende Gäste freuen
- GPS-Daten zum Download.

TOUREN PLANEN MIT GPSWERK

einfach wie nie zuvor

GPSwerk

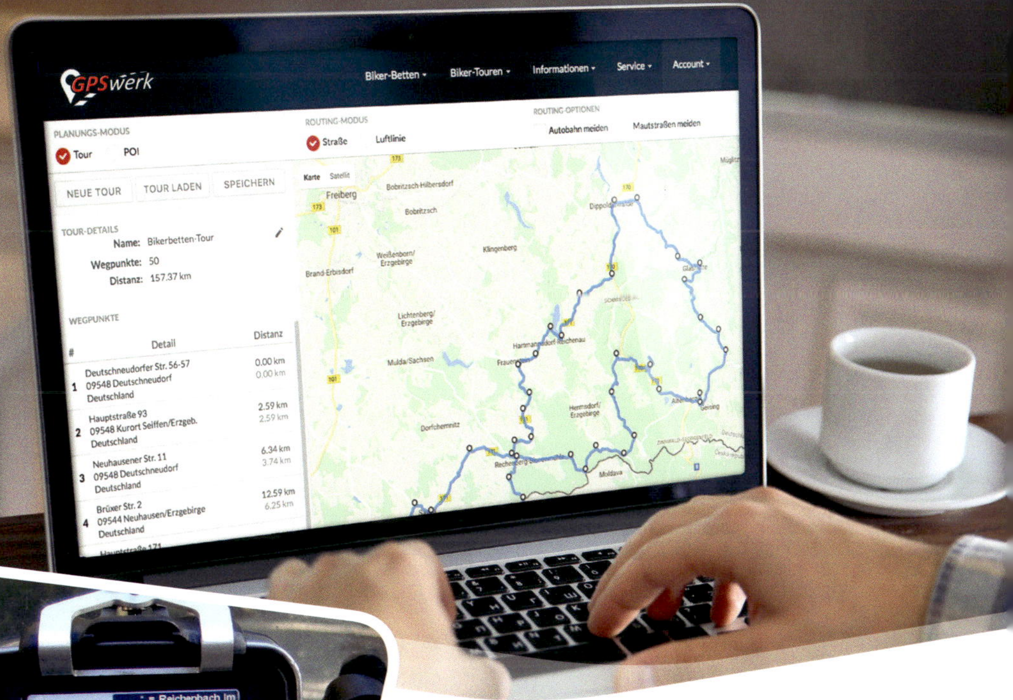

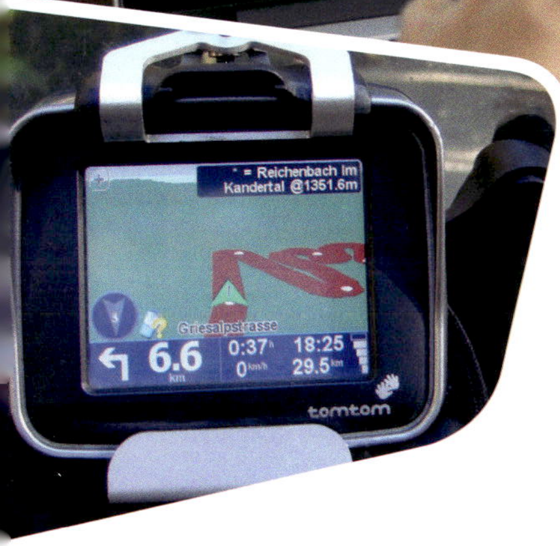

- eigene Touren planen und exportieren
- eigene und BikerBetten-Touren anpassen
- individuelle Startpunkte festlegen
- Routen drehen und kombinieren
- Einbinden von BikerBetten Hotels
- kostenlos für fast alle GPS Formate
- Tourenkarten ausdrucken für den Tankrucksack

gpswerk.de – einfach Touren planen!

1. Auflage Juni 2018 | © 2018

HERAUSGEBER

TVV Touristik-Verlag GmbH | Werner Henschel Str. 2 | D-34233 Fuldatal-Ihringshausen
Tel.: +49 - (0) 561/400 85 - 0 | Fax: +49 - (0) 561/400 85 - 21
info@bikerbetten.de | www.bikerbetten.de

Vertretungsberechtigter Geschäftsführer: Peter Schmitz
Registergericht: Kassel | Registernummer: 13254
Umsatzsteuer-Identifikationsnummer gemäß § 27 a Umsatzsteuergesetz: DE813611060

REDAKTION

Werner Kirchhoff , Franz Kirchhoff, Heinrich Wirth, Peter Zander, Victoria Kuhn

FOTOS

ADDI creare-imagos (2, 4, 5, 8, 9, 10, 11, 12, 13, 15, 16, 17, 18, 19, 20, 21, 24, 25, 26, 27, 28, 29, 30, 32, 33, 34, 36, 37, 40, 41, 42, 44, 45, 46, 47, 48, 49, 50, 57, 59 , 60, 61, 62, 64, 65, 66, 68, 69, 71, 72, 73, 74, 75, 76, 77, 78, 79, 80, 82, 92, 93, 94, 96, 114, 115, 119, 120, 121, 122, 123, 124, 125, 128, 130, 131, 134, 135, 136, 137, 141, 142, 144, 146, 147, 151, 156, 157, 159, 160, 166, 167, 170, 171, 172, 173, 174, 175, 176, 178, 179) – Franz Kirchhoff (14, 43, 47, 48, 52, 53, 58, 59, 62, 72, 84, 85, 88, 89, 90, 91, 93, 95, 98, 99, 101, 104, 105, 107, 108, 109, 110, 111, 112, 122, 126, 127, 169) – Werner Kirchhoff (2, 103, 119, 153) – Heinrich Wirth (Umschlag, 138, 139, 141, 143, 152, 154, 155, 162, 163, 168, 180) – Peter Schmitz (Umschlag)

UMSCHLAGGESTALTUNG TVV Touristik-Verlag GmbH

KARTENBASIS © Kunth Verlag GmbH & Co. KG

ROUTEN Franz Kirchhoff, Heinrich Wirth

PRODUKTION MoTourMedia, Wuppertal

LEKTORAT Text-o-Pix, Wuppertal

DRUCK UND WEITERVERARBEITUNG Silber Druck oHG, 34266 Niestetal

Die GPS-Daten gibt es zum kostenlosen Download auf **bikerbetten.de**

ISBN 978-3-937063-54-6

WWW.BIKERBETTEN.DE